我国公共体育服务供需变革研究

——实践之思与理论之辨

牛瑞新　李燕领　著

苏州大学出版社

图书在版编目（CIP）数据

我国公共体育服务供需变革研究：实践之思与理论之辨/牛瑞新，李燕领著.—苏州：苏州大学出版社，2022.12
　ISBN 978-7-5672-4251-7

　Ⅰ.①我… Ⅱ.①牛… ②李 Ⅲ.①群众体育－社会服务－研究－中国 Ⅳ.①G812.4

中国版本图书馆 CIP 数据核字（2022）第 258266 号

我国公共体育服务供需变革研究——实践之思与理论之辨
牛瑞新　李燕领　著
责任编辑　倪锈霞

苏州大学出版社出版发行
（地址：苏州市十梓街 1 号　邮编：215006）
镇江文苑制版印刷有限责任公司印装
（地址：镇江市黄山南路 18 号润州花园 6-1 号　邮编：212000）

开本 700 mm×1 000 mm　1/16　印张 11.75　字数 118 千
2022 年 12 月第 1 版　2022 年 12 月第 1 次印刷
ISBN 978-7-5672-4251-7　定价：45.00 元

图书若有印装错误，本社负责调换
苏州大学出版社营销部　电话：0512-67481020
苏州大学出版社网址　http://www.sudapress.com
苏州大学出版社邮箱　sdcbs@suda.edu.cn

引　言　/ 1

导　论　/ 4

第一章　我国公共体育服务总体特性及机制转变特征　/ 11

第一节　我国公共体育服务的总体特性　/ 13

第二节　我国公共体育服务政府供给的内在逻辑　/ 15

第三节　我国公共体育服务政府供给困境及诱因　/ 17

第四节　我国公共体育服务实现机制转变特征　/ 29

第五节　我国公共体育服务供给方式选择　/ 37

本章小结　/ 39

第二章 我国公共体育服务供需主体功能互动 / 41

第一节 我国公共体育服务供需主体 / 42

第二节 我国公共体育服务供给主体的分工 / 45

第三节 我国公共体育服务供给主体功能互动理论模型分析 / 46

第四节 我国公共体育服务供给主体功能互动实践 / 48

第五节 我国公共体育服务供需有效管理的策略选择 / 55

本章小结 / 59

第三章 新时代公共体育服务体系的公共性、效能性与整体性 / 61

第一节 公共体育服务体系的公共性问题：公平及其均等化机制 / 62

第二节 公共体育服务体系的效能性问题：绩效及其考核评价机制 / 67

第三节 公共体育服务体系的整体性问题：科学及其长效发展机制 / 72

本章小结 / 75

第四章 我国公共体育服务体系的模式选择与机制建设 / 76

第一节 我国公共体育服务体系的过程结构 / 78

第二节 我国公共体育服务体系的功能定位 / 90

第三节 我国公共体育服务体系的模式选择 / 95

第四节 我国公共体育服务体系的机制建设 / 101

本章小结 / 110

第五章 我国公共体育服务标准体系 / 112

第一节 我国公共体育服务标准体系释义 / 113

第二节 我国公共体育服务标准体系建设的必要性 / 118

第三节 我国公共体育服务业务和技术标准建设 / 121

第四节 我国公共体育服务评价标准建设 / 126

本章小结 / 128

第六章 我国公共体育服务保障标准 / 130

第一节 我国公共体育服务内容构成 / 133

第二节 我国公共体育服务保障标准建设 / 138

第三节 我国公共体育服务保障标准的框架设计 / 145

第四节　我国公共体育服务保障标准的实施　/ 150

本章小结　/ 163

第七章　结论与建议　/ 165

参考文献　/ 172

引 言

近年来，我国不断加大公共体育服务体系建设力度，在公共体育服务形式和内容创新等方面取得了一系列成绩，但至今尚未形成一套完整、科学的理论体系以及相应的政策法规体系和制度保障体系，这使得我国公共体育服务体系建设的区域发展差异较大，在一定程度上影响和制约了公共体育服务体系建设的科学发展。目前，公共体育服务需求日益多样化和复杂化，供给模式亟须变革。随着市场经济体制的改革与完善，传统的以自上而下供给为主的垂直型行政决策模式，局限性越来越明显，其他行业部门系统参与公共体育服务的积极性难以发挥，社会资源进入体育领域的制度性障碍依然存在。这就需要按照市场公平性配置资源，遵循"政企分开、政资分开、政事分开、政社分开"的要求，划分好体育行政部门、相关事业单位与社会组织的职能，为社会组织参与公共体育服务供给铺平道路。

《体育发展"十三五"规划》提出，要不断完善基本公共体育服务，加快建设水平较高、内容完备、惠及全民的基本公共体育服务体系，逐步推动基本公共体育服务在地域、城乡和人群间的均等化，使全民健身国家战略深入推进，群众体育发展达到新水平。① 《"健康中国2030"规划纲要》提出，完善全民健身公共服务体系是推进健康中国建设，全面提升中华民族健康素质，实现人民健康与经济社会协调发展的重要基础，是一项国家战略。② 由此可见，构建科学的公共体育服务体系是一项紧迫而重要的任务。

基于当前我国公共体育服务发展的理论与实践，本研究试图通过分析和解决当前公共体育服务事业发展过程中的难题，探寻突破传统公共体育供给窘境的高级别公共体育供给形态。当然，这不仅仅是技术层面的操作，而且要通过一系列体制、机制和制度的设计，科学合理地界定、把握公共体育服务的现实和问题，明确其内在逻辑和各主体定位，促进公共体育服务事业的科学化和标准化建设。本书主要研究观点如下：

（1）我国公共体育服务需求的深刻变化与供给严重不适应，传统公共体育服务体制中的政府在供给中既扮演生产者又扮演供给者的双重角色，政府职能不清，制约了体育非政府组织和体育市场组织的发展，导致我国公共体育服务供给带有浓厚的行政色彩和垄断性，缺乏效益和活力。

（2）我国公共体育服务要树立兼顾公平与效率的价值

---

① 国家体育总局. 体育发展"十三五"规划［EB/OL］.（2016-05-05）［2022-11-14］.http://www.sport.gov.cn/n10503/c722960/content.html.

② 国务院."健康中国2030"规划纲要［EB/OL］.（2016-10-25）［2022-11-14］.http://www.gov.cn/zhengce/2016-10/25/content_5124174.htm.

理念，明确政府主导与多元协同的公共体育服务供给管理模式，突破政府供给公共体育服务的现实困境。

（3）公共体育服务体系包含公共体育服务需求、产生、形成与实现这一完整过程，公共体育服务需求、公共体育服务供给、公共体育服务保障以及公共体育服务评价等共同构成了公共体育服务体系的过程结构。公共体育服务体系的功能主要包括创新服务功能、资源整合功能以及激励约束功能等。

（4）公共体育服务多元主体在供给过程中，需要明确各级供给主体的供给权责，使得政府、市场、社会组织等多元主体在相互尊重对方利益的基础上实现合作，达成有效的集体行动。公共体育服务体系机制建设要保证效率与公平，强调效率机制、公平机制、监督机制、评价机制与问责机制的协同运作。

（5）公共体育服务标准体系建设是服务型政府建设的必然选择。公共体育服务标准化建设旨在构建一个包括保障标准、业务和技术标准、评价标准在内的标准体系，从而达到普遍均等、惠及全民。

（6）公共体育服务保障标准强调以满足群众基本体育需求为目标和以政府财政支持能力为尺度的统一，而基本公共体育服务保障标准的设定和服务方式的创新进一步促进了城乡公共体育服务均等化的实现。公共体育服务保障标准的框架主要包括基本公共体育服务项目和内容、基本场地和设施、经费和人员保障三大类。

导 论

一

公共服务是 21 世纪公共管理和政府改革的核心理念，公共服务以合作为基础，强调政府服务性的同时，也强调公民的权利。[①] 作为在以往各种管理模式的基础上发展而来的一种真正以公民权利和公共利益为本位的政府运作模式，新公共服务强调政府要关注公共利益的实现，对政府的服务者身份也有了更加明确的要求。[②] 公共服务作为社会公共利益的载体，对于提高社会福利、促进经济发展和保持社会稳定起着重要的推动作用。完善的公共服务供给体系不仅可以满足社会对公共服务的多样化需求，保障全体社会成员的基本权利和福利需求，还有助于提高经济运行效率，促进国民经

[①] 孙其军，郭焕龙. 北京 CBD 公共服务体系建设的思考——基于"新公共服务"的视角 [J]. 中国特色社会主义研究，2011（1）：86-90.

[②] 李庆雷. 基于新公共服务理论的中国国家公园管理创新研究 [J]. 旅游研究，2010（4）：80-85.

济的可持续发展。

公共服务的供给问题一直是理论界讨论的重要问题之一。特别是在我国经济社会转型和全面进入小康社会的关键时期，公共服务的供给问题更是为世人关注。

20世纪80年代初，我国提出了建设"小康社会"的战略构想。党的十六大报告明确提出了"全面建设小康社会"的奋斗目标，而建成完善的全民健身体系和医疗卫生体系、提高全民健康素质是我国全面建设小康社会的重要目标之一。党的十七大报告指出，必须在经济可持续发展的基础上，更加注重社会建设，着力保障和改善民生，推进社会体制改革，扩大公共服务供给，促进社会公平正义，推进和谐社会建设。在新时期，政府要实现由"善政"向"善治"的转变。在确保核心公共产品与基本公共服务的基础上，政府应从"划桨者"向"掌舵者"转变，对公共服务多元主体之间的合作与竞争进行规划、引导与设计，建立政府主导、社会参与、多元主体适度竞争、监管有力的公共服务供给体系。党的十八大报告强调，全面建成小康社会进程中要加快形成政府主导、覆盖城乡、可持续的基本公共服务体系；改进政府提供公共服务的方式，强化企事业单位、人民团体在社会管理和服务中的职责，引导社会组织健康有序发展，充分发挥群众参与社会管理的基础作用。十八届三中全会指出，要以促进社会公平正义、增进人民福祉为出发点和落脚点，推进社会领域制度创新，推进基本公共服务均等化，加快形成科学有效的社会治理体制，使市场在资源配置中起决定性作用，并更好地发挥政府作用，建立现代财政制度，发挥中央和地方政府的积极性。这为我国公共体育服务体系建设明确了目标并确立了思路。党的十九大报告指出，要建立全面规范透明、标准科学、约束有力的预算制度，全面实施绩效管理，并广泛开展全民健身活动，加快推进体育强国建设。《国家标准化体系建设发展规划（2016—2020年）》提出："要推进标准化战略全面实施，增强标准有效性、先进性和适用性。"

2012年5月，国务院颁布了《国家基本公共服务体系"十二五"规划》，该规划提出中央及地方政府各部门"本着尽力而为、量力而行，统筹城乡、强化基层的原则，进一步创新体制机制，增强公共服务供给能力，加快建立健全符合国情、可持续的基本公共服务体系，努力提升基本公共服务水平和均等化程度"①。同时，《国家基本公共服务体系"十二五"规划》强调，"十二五"时期是我国全面建设小康社会的关键时期，是深化改革开放、加快转变经济发展方式的攻坚时期。2017年1月，国务院发布了《"十三五"推进基本公共服务均等化规划》，要求继续完善公共服务体系建设，实现城乡区域间基本公共服务大体均衡，贫困地区基本公共服务主要领域指标接近全国平均水平②。当然，把基本公共服务制度作为公共产品向全民提供，是我国公共服务发展从理念到体制的创新。我国实行中国特色社会主义制

---

① 国务院. 国家基本公共服务体系"十二五"规划［EB/OL］.（2012-07-20）［2022-11-14］.http://www.gov.cn/zwgk/2012/07/20/content_2187242.htm.

② 国务院. "十三五"推进基本公共服务均等化规划［EB/OL］.（2017-03-01）［2022-11-14］.http://www.gov.cn/xinwen/2017/03/01/content_5172013.htm.

度，公民都有获得基本公共服务的权利。保障人人享有基本公共服务是政府的职责，必须着眼制度设计、系统规划、整体推进，建立健全基本公共服务体系。《"十三五"推进基本公共服务均等化规划》强调，健全国家基本公共服务制度，完善服务项目和基本标准，强化公共资源投入保障，提高共建能力和共享水平，努力提升人民群众的获得感、公平感、安全感和幸福感，实现全体人民共同迈入全面小康社会；深化简政放权、放管结合、优化服务改革，划清政府与市场界限，增强政府基本公共服务职责，合理划分政府财政事权和支出责任，强化公共财政保障和监督问责。充分发挥市场机制作用，支持各类主体平等参与并提供服务，形成扩大供给合力。

二

和谐社会在体育领域内表现为一种体育理想与价值追求。国务院办公厅下发的《国家体育总局主要职责内设机构和人员编制规定》（国办发〔2009〕23号）中的职责调整部分提到，要"加强体育公共服务，促进多元化体育服务体系建设，推动全民健身的职责"。"十二五"期间，国家提出要以满足人民群众不断增长的体育需求为宗旨，以建设体育强国为目标，转变体育发展方式，建立覆盖城乡、可持续的公共体育服务体系，让体育回归民众，惠及公众，"覆盖城乡"成为公共体育服务均等化的重要前提。2016年5月，国家体育总局发布《体育发展"十三五"规划》,要求加快建设水平较高、内容完备、惠及全民的基本公共体育服务体系,逐步推动基本公共体育服务在地域、城乡和人群间的均等化①。2016年6月,国务院颁布了《全民健身计划(2016—2020年)》,要求保障基本公共体育服务,推动基本公共体育服务向农村延伸,以乡镇、农村为重点,促进基本公共体育服务均等化。② 近年来,我国不断加大公共体育服务体系建设力度,在公共体育服务形式和内容创新等方面取得了一些成就。但由于发展初期没有做好足够的理论准备,因而至今没有形成一套完整、科学的理论体系以及配套的政策法规体系和制度保障体系,这使得我国公共体育服务体系建设发展的地域差异较大,在一定程度上影响和制约了公共体育服务体系建设的科学发展。目前,公共体育服务需求日益多样化和复杂化,供给模式亟须变革。我国传统的自上而下供给为主的垂直型行政决策模式,随着市场经济体制的改革与完善,显得越来越不适应,其他行业部门系统参与公共体育服务的积极性难以发挥,社会资源进入体育领域的制度性障碍依然存在。因此,需要按照市场公平性配置资源,遵循"政企分开、政资分开、政事分开、政社分开"的要求,划分体育行政部门、相关事业单位与社会组织的职能,为社会组织参与公共体育服务供给铺平道路。在公共体育服务供给中,

---

① 国家体育总局. 体育发展"十三五"规划[EB/OL].(2016-05-05)[2022-11-14].http://www.sport.gov.cn/n10503/c722960/content.html.
② 国务院. 全民健身计划(2016—2020年)[EB/OL].(2016-06-23)[2022-11-14].http://www.gov.cn/zhengce/content/2016-06/23/content_5084564.htm.

如何运用大数据和互联网技术，提高公共体育资源的精准管理水平，实现供给与需求契合，是体育资源供给侧改革创新的关键。运用互联网技术，能有效整合各方面的资源，有助于解决"供需错位""供给真空""供给过剩"的历史难题。

公共服务改革中引入市场机制的主要特点就是公共领域与个人领域的合作和互补，其实质是公共部门的权力下放，以社会能力补充政府能力。政府通过在公共体育服务领域引入市场、社会力量，实行多元服务供给，使公民最直接地参与行政过程，在公共体育服务领域赋予公众以消费者主权，即给予公众"用脚投票"的权利，通过行使选择权来实现公民的利益。我国公共体育服务改革中引入市场机制有利于扩大政府与社会的沟通渠道，有利于充分发挥民众的力量，提高民众对公共体育服务市场的监控力度，形成政府与公民的良性互动。

《体育发展"十三五"规划》提出，要不断完善基本公共体育服务，加快建设水平较高、内容完备、惠及全民的基本公共体育服务体系，逐步推动基本公共体育服务在地域、城乡和人群间的均等化，使全民健身国家战略深入推进，群众体育发展达到新水平。① 《"健康中国2030"规划纲要》提出，完善全民健身公共服务体系是推进健康中国建设，全面提升中华民族健康素质，实现人民健康与经济社会协调发展的重要基础，是一项国家战略。② 由此可见，构建科学的

---

① 国家体育总局. 体育发展"十三五"规划 [EB/OL]. (2016-05-05) [2022-11-14]. http://www.sport.gov.cn/n10503/c722960/content.html.
② 国务院. "健康中国2030"规划纲要 [EB/OL]. (2016-10-25) [2022-11-14]. http://www.gov.cn/zhengce/2016-10/25/content_5124174.htm.

公共体育服务体系是一项紧迫而重要的任务。我国政府体育行政部门及各地政府体育行政部门，应通过公共体育服务标准的制定，并以国家或地方立法的形式予以公布实施。标准的实施涉及公共体育服务的各方面，单一部门难以独立完成，需要多部门、多方面人员的合作，应坚持系统化原则，统筹考虑，以实现程序和效益的最优化。

三

基于当前我国公共体育服务发展的理论与实践，本研究试图通过分析和解决当前公共体育服务事业发展过程中的难题，探寻突破传统公共体育供给窘境的新型供给形式。当然，为了实现这一目标，不仅仅需要技术层面的操作，而且要通过一系列体制、机制和制度设计，科学合理地界定、把握公共体育服务的现实和问题，明确其内在逻辑和各主体定位，促进公共体育服务的科学化和标准化。本研究的主要内容包括以下几个方面：我国公共体育服务总体特性及机制转变特征；我国公共体育服务供需主体功能互动；新时代公共体育服务体系的公共性、效能性与整体性；我国公共体育服务体系的模式选择与机制建设；我国公共体育服务标准体系建设；我国公共体育服务保障标准。

第一章　我国公共体育服务总体特性及机制转变特征

　　《国民经济和社会发展第十二个五年规划纲要》明确指出，着力保障和改善民生，必须逐步完善符合国情、比较完整、覆盖城乡、可持续的基本公共服务体系，提高政府保障能力，推进基本公共服务均等化。①《国家基本公共服务体系"十二五"规划》指出，体育是归属于国家基本公共服务的重要内容，要求可供使用的公共体育场地（含学校体育场地）占全国体育场地总数的53%左右，且经常参加体育锻炼人数比率达到32%以上，明确了在特定历史阶段我国基本公共体育服务的最低标准，这些规定有利于提高体育公共服务的普惠性。② 本部分主要对我国公共体育服务需求的多层次性和多样性、供给的复杂性、实现过程的民主性，以及公共体育服务实现机制具体内容的转变等进行研究。"十二

---

① 国民经济和社会发展第十二个五年规划纲要［EB/OL］.（2011-03-16）[2022-11-14].http：//www.gov.cn/2011lh/content_1825838_5.htm.
② 国务院.国家基本公共服务体系"十二五"规划［EB/OL］.（2012-07-20）[2022-11-14].http：//www.gov.cn/zwgk/2012-07/20/content_2187242.htm.

五"期间,我国公共体育服务发展迅速,但仍然滞后于经济社会的发展。国内一些学者对公共体育服务、公共体育服务体系的特征与实现机制进行了研究,如易锋、陈康等(2013)认为,公共体育服务具有公平均衡性、便利性、多样性、公共福利性与增值性特征。① 陈斌、韩会君(2014)认为,公共体育服务外包需要通过行政问责制、整合机制、信任机制和激励机制提出促进公共体育服务外包的政府责任的实现。② 李燕领等(2015)研究认为,公共体育服务体系机制建设需要效率机制、公平机制、监督机制、评价机制与问责机制的协调运作,以保证公共体育服务的效率和公平,确保公共体育服务提供的稳定性、有效性和持续性。③ 郭曼、徐凤琴(2017)提出,公共体育服务标准化建设的保障机制主要包括政策保障、法制保障、组织保障、信息保障与人才保障等。④ 现阶段,公共体育服务供给多元化需要充分发挥市场和社会力量的作用,构建多元主体协同供给的格局,彰显公共体育服务供给的公共性,进一步满足公民公共体育服务需求,提升公民公共体育服务的获得感。因此,加强对公共体育服务的特征和实施机制的研究,对于完善我国

---

① 易锋,陈康,曾红卒,等.体育公共服务的概念内涵及特征[J].江苏技术师范学院学报,2013,19(4):86-91.

② 陈斌,韩会君.公共体育服务外包的政府责任及实现机制论析[J].天津体育学院学报,2014,29(5):404-408.

③ 李燕领,王家宏,蒋玉红.中国公共体育服务体系:模式选择与机制建设[J].成都体育学院学报,2015,41(4):57-62.

④ 郭曼,徐凤琴.我国公共体育服务标准化建设的保障机制[J].体育学刊,2017,24(4):36-39.

公共体育服务体系、促进我国体育治理能力现代化和治理水平提高具有重要的现实意义。

第一节 我国公共体育服务的总体特性

一、我国公共体育服务需求的多层次和多样性

随着社会经济的发展、人民收入水平的提高，公共体育服务需求快速增加且趋于多样化。近年来，城市和农村公共体育服务的需求逐渐由消费型向发展型转变。城市社会的发展和城市所处的地域、文化环境、发展水平和居民层次等不同，社会转型时期的代际差异增加了复杂性，社会居民的阶层分化比较明显，不同的经济基础、文化水平和工作单位构成了不同阶层群体，形成了公共体育服务不同的需求理解和需求程度。因此，要按照"保基本、全覆盖、公平享有、可持续"的原则，在充分调查公民日常体育健身的场地需求、项目需求、时间需求、技术需求、组织需求等的基础上，制订多样化的体育发展计划，向全体居民提供公共体育服务，努力完善妇女儿童、老年人、残疾人、职工等重点人群的公共体育服务体系。

二、我国公共体育服务供给的复杂性

公共服务是一个复杂的系统，其自身结构、参与方关系、供给方式和所处的社会环境的复杂性使公共服务供给中

存在着各种不同机制的混合。① 公共体育服务供给体系的建设不仅要立足于公民权益,更应基于需求特点选择适配的公共体育服务供给方式。企业和社会组织的快速发展,促使政府、市场与社会组织等主体合作供给网络的逐渐形成。目前,公共体育服务供给已不再是政府单一主体的活动,而是采用多元主体的多中心供给模式。公共体育服务的供给主体主要包括政府、企业、第三部门及社会居民等。从纵向上来看,政府主体主要由市级政府、县(区)级政府及乡(镇)级政府(广义包含街道办事处)三个层次组成;从横向上看,主要包括参与公共体育服务体系运行的政府部门、人大、政协及党组织机构。政府作为公共体育服务体系运行的主要推动力量,拥有资源优先权和政策制定权,其围绕资源和环境互动做出的行动影响了公共体育服务体系的发展。

三、公共体育服务实现过程的民主性

公共服务供给决策的民主化是将民主理念、民主机制以及民主方法和技术引入公共服务供给决策中,以促进公共服务供需结构平衡,增进公共服务供给的民主性和科学性。② 相应地,我国公共体育服务供给决策民主化需要多元化的决策主体、民主化的决策程序与决策监督,以及理性的信息交流与偏好转换。各级政府需要不断完善公共体育服务民意调

---

① 王家宏. 我国公共体育服务体系的内涵、特征与价值取向 [J]. 成都体育学院学报,2014,40(1):7-11.
② 吴春梅,翟军亮. 协商民主与农村公共服务供给决策民主化 [J]. 理论与改革,2011(4):73-76.

查研究、集体决策、政策专家咨询制度和公示及公开征求意见制度，确保决策程序的民主化，进而保障政府公共决策的科学性。上级政府的公共体育服务供给决策需要强化决策过程中的公民参与，这不仅需要畅通民意表达公共利益诉求的通道来保证公共体育服务的公共性和服务性，还需要有用以公开公共体育服务相关信息的平台，赋予公民更多的知情权、表达权和监督权。公民有权自主选择公共体育服务提供者，有权监督和评估公共体育服务绩效，提高公共体育资源的利用率。

第二节　我国公共体育服务政府供给的内在逻辑

一、政府供给公共体育服务的理论嬗变逻辑

18世纪，亚当·斯密明确提出政府提供公共产品的范围，主张政府提供充足的收入，满足社会对公共产品的需求。庇古提出的外溢性理论，奠定了公共产品的属性，进一步强调了政府提供公共产品的职能。萨缪尔森指出，公共产品是"每个人对这种产品的消费并不能减少其他人对该产品的消费"，这会导致公共产品供给中的"公地悲剧"与"免费搭车"现象，从而决定了政府是公共产品的主要供给者。以布坎南为代表的公共选择学派首先提出公共产品分纯公共产品和非纯公共产品，纯公共产品由政府提供最有效。公共体育服务平等地向社会的每个成员提供产品和服务，实现公

众的共同利益目标，一个成员的消费和受益通常并不会影响另一个成员的消费和受益，具有典型的非排他性。因此，基于公众的福利和安全，政府提供公共体育服务存在着均等化的普遍要求。不可否认，公共价值管理范式重新定位了政府公共体育服务供给职责，认为政府除了要实现公共体育服务供给的绩效目标外，还应引导其他供给主体对公众的集体性偏好做出回应，这在一定程度上解决了公共体育服务供给中的效率与民主的矛盾问题。

二、我国政府供给公共体育服务的发展逻辑

从1949年中华人民共和国成立至1991年，我国政府职能主要集中在发展经济方面，公共产品提供并未成为政府的主要职能。1992年，党的十四大报告提出市场在资源配置中起基础性作用，政府职能要逐步从经济管理向宏观调控、综合协调、社会管理转变。1998年，实行公共财政。2002年，党的十六大报告第一次将政府职能界定为"经济调节、市场监管、社会管理、公共服务"。2006年，十六届六中全会提出建设服务型政府，强化社会管理和公共服务职能。2012年，党的十八大报告提出市场要在资源配置中发挥决定性作用，政府职能定位在公共服务和弥补市场失灵方面。2002年以来，随着政府公共服务职能的强化，公共财政在公共体育服务供给中起着重要作用，供给规模大幅度提高。

第三节　我国公共体育服务政府供给困境及诱因

一、我国公共体育服务政府供给困境

（一）公共体育服务发展的严重滞后

1. 公共体育服务体制机制改革滞后

现阶段，我国公共体育服务体制改革明显滞后于社会经济发展。传统行政管理体制中，政府在公共体育服务供给中扮演着生产者、供给者的双重角色，政府职能不清的问题突出，制约了社会组织和市场的发展。政府部门在履行公共体育服务职能时经常出现"失位""错位""越位"现象，计划经济体制下试图成为万能政府，但政府能力的有限性决定了其难以应对一切。现代公共体育服务体制主要包括法律基础上中央与地方公共体育服务职责的明晰划分，基于事权划分的中央与地方财权的制度性分配，科学规范、制度化的转移支付制度，以中央对地方进行公共体育服务问责为主要特征的公共体育服务评价指标体系建立等。

首先，尽管《中华人民共和国宪法》（以下简称《宪法》）、《中华人民共和国地方各级人民代表大会和地方各级人民政府组织法》、《中华人民共和国体育法》（以下简称《体育法》）等相关法律法规都对政府各部门的职责划分做了一般性、原则性的规定，但现有的法律体系中并没有一部专门明确划分中央与地方政府公共体育服务责任的法律或法规。

其次，中央与地方在公共体育服务职责上的分工过于笼统，两者的公共体育服务事权及责任的划分并不清晰与合理。由于各级政府之间的一些职责权限缺乏明确的法律规定，即纵向分权不清，致使各级政府在提供公共体育服务上相互扯皮、相互推诿，损害老百姓利益。①

最后，转移支付制度在促进各地区公共体育服务均等化方面存在着一些问题，如均等化效果不明显、转移支付不规范、转移支付监督机制不健全等。所以，在科学划分中央与地方事权财权的基础上，应进一步改革和完善作为支出事权划分重要保障的财政转移支付制度。②

目前，我国公共体育服务统一完善的联动机制尚未建立，各项规章制度并不健全，缺乏统一的政策体系，基本公共体育服务缺乏定位、规范和管理，各部门间的任务分工不明确，部门间协调较为困难，这需要体育总局、教育部、财政部等中央和地方政府相关部门建立完善的统筹协调机制，推进公共体育服务均等化。

2. 公共体育服务立法滞后

现阶段，针对《宪法》中对政府间公共体育服务职责划分原则性强而操作性差等弊端，可以考虑制定政府间公共体

---

① 李长春. 我国公共体育服务多元主体协同供给研究 [D]. 北京：北京体育大学，2018.
② 齐艳芬. 多元协同网络视角下的城市公共服务供给 [M]. 天津：天津大学出版社，2017：109.

育服务职责划分专门法，并依据《宪法》和专门法明确各层级政府间职责，进而实现各级政府间的权责分配。当然，《宪法》已经对于各种合法的社会组织参与公共体育服务提供了较为权威的制度保障，但过于笼统且这种基于全国性的法律法规也不具有针对性。

首先，从总体上来看，公共体育服务相关法律法规制度仍不健全。《体育运动国际宪章》第1条规定："参加体育运动是所有人的一项基本权利。"而关于政府应当提供公共体育服务的法律依据——《宪法》第21条规定："国家发展体育事业，开展群众性的体育活动，增强人民体质。"《体育法》更是缺乏对公共体育服务的相关规定。

其次，从法律的角度来讲，公共体育服务供给主体的法律定位并不清楚，行政部门是否"越位""缺位""错位"，缺乏法律判断标准，各类公共体育服务主体缺乏明确的职能定位，提供者之间的法律关系不清。针对社会组织参与公共体育服务供给等方面，尚未形成全国统一的法律法规，目前的法律法规只限于地方层面，缺乏统一性和可操作性。比如，《社会团体登记管理条例》中对社团年检操作不规范或不合格的处罚等并无具体、明确的规定。

最后，缺乏有效规范和监管社会组织服务供给互动的规章以及对参与服务供给过程的权益保障，比如制度保障、税收优惠等方面还未出台统一的政策法规。社会组织参与公共体育服务无法可依、无章可循，直接影响了政府与社会组织的良性互动关系。而法律法规的缺失使政府公共体育服务体系建设无法实现"有法可依",这也与推进体育事业"依法治体"的要求相背离。

(二) 政府公共体育服务财政支出规模不足

根据我国财政部相关统计数据计算,我国政府财政支出总额和体育事业财政支出总额从"十五"时期到"十二五"时期一直保持着较快的增长速度,增长具有同向性特征。"十五"时期,国家财政总支出达到128 022.85亿元,"十一五"时期,国家财政总支出达到318 970.83亿元,"十二五"时期,国家财政总支出达到703 076.19亿元,财政支出的增长率分别高达124%、149%和120%。体育事业财政支出集中体现在政府对体育事业的资金投入,是反映体育事业发展的核心指标。其中,较之"十五"时期,我国体育事业财政支出在"十一五"时期和"十二五"时期有了较大幅度的提高,分别达到1 499.14亿元和1 758.16亿元。(表1-1) 虽然,体育事业财政支出和国家财政总支出额度绝对数额自"十五"时期以来一直有较大幅度的增加,但从"十一五"时期以来,体育事业财政支出占国家财政总支出的相对比重呈现大幅度下降的态势。

表1-1 "十五"—"十二五"时期体育事业财政支出和财政支出增长率

时　期	体育事业财政支出/亿元	体育事业财政支出增长率/%	国家财政总支出/亿元	财政支出增长率/%	体育事业财政支出占财政总支出的比重/%
"十五"时期	770.16	180	128 022.85	124	0.60
"十一五"时期	1 499.14	95	318 970.83	149	0.47
"十二五"时期	1 758.16	17	703 076.19	120	0.25

数据来源：财政部官网（www.mof.gov.cn）和《体育事业统计年鉴》（2012—2016年）。

根据2011—2015年体育事业统计年鉴数据统计得出，2011—2015年体育事业财政支出分别为365.21亿元、388.42亿元、315.79亿元、333.79亿元和354.95亿元。同时，2011—2015年国家财政总支出分别为109 247.79亿元、125 952.97亿元、140 212.10亿元、151 785.56亿元和175 877.77亿元，体育事业财政支出占国家财政总支出的比重分别为0.33%、0.31%、0.23%、0.22%和0.20%，体育事业财政支出在2012年达到五年间的最高值，2013年却出现了大幅度下降，2014—2015年出现了连续增加，但体育事业财政支出占国家财政支出的比重却连续五年呈现出下降的态势。（表1-2）

表 1-2 "十二五"时期（2011—2015 年）体育事业支出情况

年份	体育事业财政支出/亿元	国家财政总支出/亿元	体育事业财政支出占国家财政总支出比重/%
2011	365.21	109 247.79	0.33
2012	388.42	125 952.97	0.31
2013	315.79	140 212.10	0.23
2014	333.79	151 785.56	0.22
2015	354.95	175 877.77	0.20

数据来源：财政部官网（www.mof.gov.cn）和《体育事业统计年鉴》（2012—2016 年）。

（三）公共体育服务政府供给区域不均衡

当前，我国公共体育服务财政支出带有明显的区域性特征。2011—2015 年西部体育事业财政支出额度分别为 68.87 亿元、81.31 亿元、66.85 亿元、84.26 亿元、82.64 亿元。2011—2015 年中部体育事业财政支出额度分别为 48.93 亿元、53.14 亿元、45.85 亿元、47.11 亿元、46.07 亿元。2011—2015 年东部体育事业财政支出额度分别为 177.83 亿元、193.76 亿元、153.88 亿元、149.88 亿元、161.99 亿元。2011—2015 年东北部体育事业财政支出额度分别为 25.37 亿元、32.59 亿元、22.63 亿元、24.00 亿元、27.82 亿元。

首先，从 2011—2015 年全国和各区域体育事业财政支出的总额来看，整个"十二五"期间，东部体育事业财政支出总额为 837.34 亿元，占全国体育事业财政支出总额 1 758.16 亿元的 47.6%，而西部体育事业财政支出以总额 383.93 亿元 21.8%的占比超过了中部体育事业财政支出总额241.10亿元13.7%的占比,东北部则以132.41亿元7.5%的占比位列各区域的最后。

其次,从2011—2015年全国和各区域体育事业财政支出的增速来看,2011—2013年,各区域体育事业财政支出的增长和全国体育事业财政支出具有同向性特征,2011年、2012年呈现快速增长,2013年却均出现了负增长,2014年东部地区体育事业财政支出额度相较于2013年出现了负增长,2015年中部和西部体育事业财政支出额度相较于2014年出现了负增长,和全国体育事业财政支出额度保持快速增长的趋势出现了不一致。

最后,从2011—2015年全国和各区域体育事业财政支出的占比情况可以看出,我国2011—2015年东部、中部、西部及东北部各年度占比情况和"十二五"时期总的占比情况是一致的,总体上形成了东部体育事业财政支出总额占比大于西部,西部大于中部,中部大于东北部的区域性特征。

当然,从各区域体育事业支出的横向比较来看,地区体育事业财政支出结构的发展也是不均衡的。从总体上来看,东部地区的体育事业财政支出远超其他地区,中部地区、西部地区和东北部地区的体育事业财政支出人均额度则均低于全国平均水平,而且这种态势呈现出越拉越大的趋势。(表1-3)

表 1-3 "十二五"时期（2011—2015 年）区域体育事业财政支出情况

		2011 年	2012 年	2013 年	2014 年	2015 年
总额/亿元	全国	365.21	388.42	315.79	333.79	354.95
	西部	68.87	81.31	66.85	84.26	82.64
	中部	48.93	53.14	45.85	47.11	46.07
	东部	177.83	193.76	153.88	149.88	161.99
	东北部	25.37	32.59	22.63	24.00	27.82
增速/%	全国	10.76	6.4	-18.7	5.7	6.3
	西部	16.5	18	-17.8	26.0	-1.9
	中部	4.4	8.6	-13.7	2.8	-2.2
	东部	12.5	8.9	-20.6	-2.6	8.1
	东北部	2.1	28.5	-30.6	6.1	15.9
比重/%	全国	100	100	100	100	100
	西部	18.9	20.9	21.2	25.2	23.3
	中部	13.4	13.7	14.5	14.1	13.0
	东部	48.7	49.9	48.7	44.9	45.6
	东北部	6.9	8.4	7.2	7.2	7.8

数据来源：《体育事业统计年鉴》（2012—2016 年）。

二、我国公共体育服务政府供给困境的诱因

（一）公共服务职能不到位

长期以来，中央制定的以经济建设为中心的国家发展战略，加之"中央对地方的行政性分权和以财政包干为内容的财政分权改革"，将地方政府推上了主导和发展地方经济的重要地位，GDP 成为地方政府间竞争比较的主要内容，而社会建设和发展却滞后于经济增长，这种理念在相当长的时期内影响了我国公共体育服务的发展进程。《体育发展"十三五"规划》提出，体育与经济社会协调发展的机制有待进一步健

全,人民群众日益增长的多元化、多层次体育需求与体育有效供给不足的矛盾依然突出。近几年,各级地方政府部门逐渐认可和重视"体育即民生"理念,开始把公共体育服务作为保障和改善民生的重要抓手,全面提升公共体育服务水平。十八届三中全会通过的《中共中央关于全面深化改革若干重大问题的决定》明确要求"必须切实转变政府职能,深化行政体制改革,创新行政管理方式,增强政府公信力和执行力,建设法治政府和服务型政府"①。从总体上来看,政府的公共体育服务职能还比较薄弱,"缺位""越位""错位"现象依然存在,主要表现为本应由政府提供的公共体育服务没有到位,如公共体育资源供给不足等;政府公共体育服务职能范围未得到合理的界定,尚未完成向服务型政府的转变。

(二) 公共体育服务支出相对偏弱

当前,财政投入仍然是我国公共体育服务财政支出最主要的来源。如果将体育事业的财政投入与教科文卫中的教育、科学技术、医疗卫生投入一并比较,不难发现政府对体育事业的财政投入比重过小。2011 年各级政府在科学技术方面的支出为 3 828.02 亿元,占财政总支出的 3.5%;2012 年为 4 452.63 亿元,占财政总支出的 3.5%;2013 年为 5 084.30 亿元,占财政总支出的 3.6%;2014 年为 5 314.45 亿元,占财政总支出的 3.5%;2015 年为 5 862.57 亿元,占

---

① 国务院. 中共中央关于全面深化改革若干重大问题的决定 [EB/OL]. (2013-11-15) [2022-11-14]. http://www.scio.gov.cn/zxbd/nd/2013/Document/1374228/1374228.htm.

财政总支出的 3.3%。2011 年各级政府在教育领域的支出为 16 497.33 亿元，占财政总支出的 15.1%；2012 年为 21 242.10 亿元，占财政总支出的 16.9%；2013 年为 22 011.76 亿元，占财政总支出的 15.7%；2014 年为 23 041.75 亿元，占财政总支出的 15.2%；2015 年为 26 271.88 亿元，占财政总支出的 14.9%。2011 年各级政府在文化传媒方面的支出为 1 627.01 亿元，占财政总支出的 1.5%；2012 年为 1 879.93 亿元，占财政总支出的 1.5%；2013 年为 2 221.98 亿元，占财政总支出的 1.6%；2014 年为 2 357.69 亿元，占财政总支出的 1.6%；2015 年为 2 721.69 亿元，占财政总支出的 1.5%。2011 年各级政府在医疗卫生方面的支出为 6 429.51 亿元，占财政总支出的 5.9%；2012 年为 7 245.11 亿元，占财政总支出的 5.8%；2013 年为 8 279.90 亿元，占财政总支出的 5.9%；2014 年为 10 176.819 亿元，占财政总支出的 6.7%；2015 年为 11 953.18 亿元，占财政总支出的 6.8%。相比之下，政府在体育事业方面的支出规模偏小，2011 年在体育事业方面的支出为 365.21 亿元，占财政总支出的 0.3%；2012 年为 388.42 亿元，占财政总支出的 0.3%；2013 年为 322.41 亿元，占财政总支出的 0.2%；2014 年为 333.79 亿元，占财政总支出的 0.2%；2015 年为 354.95 亿元，占财政总支出的 0.2%。2011—2015 年，我国体育事业财政支出占财政总支出的比重仅在 0.3% 左右，五年内从未超过 1%。（表 1-4）基于横向对比分析得出，体育事业支出较之教科文卫支出处于偏弱地位，体育事业投入不足的问题依然明显。

表 1-4 "十二五"时期(2011—2015 年)体育事业、教科文卫支出占财政支出情况

项目	2011 年		2012 年		2013 年		2014 年		2015 年	
	支出额/亿元	占总支出比重/%	支出额/亿元	占总支出比重/%	支出额/亿元	占总支出比重/%	支出额/亿元	占总支出比重/%	支出额/亿元	占总支出比重/%
科学技术	3 828.02	3.5	4 452.63	3.5	5 084.30	3.6	5 314.45	3.5	5 862.57	3.3
教育	16 497.33	15.1	21 242.10	16.9	22 011.76	15.7	23 041.75	15.2	26 271.88	14.9
文化传媒	1 627.01	1.5	1 879.93	1.5	2 221.98	1.6	2 357.69	1.6	2 721.69	1.5
医疗卫生	6 429.51	5.9	7 245.11	5.8	8 279.90	5.9	10 176.81	6.7	11 953.18	6.8
体育事业	365.21	0.3	388.42	0.3	322.41	0.2	333.79	0.2	354.95	0.2
财政总支出	109 247.70	—	125 952.97	—	140 212.10	—	151 785.56	—	175 877.77	—

数据来源:《体育事业统计年鉴》(2012—2016 年)。

(三) 中央与地方政府公共体育服务支出失衡

随着经济社会的快速发展,各级政府可支配资金逐年增加,但公共体育服务财政支出仍存在着力度不足、结构不合理等问题。目前,我国体育事业发展表现出明显的地域性特征,绝大部分体育事业的收益范围通常为地方性的。体育事业的支出绝大部分都是通过地方政府投入的。从2011年之后的相关财政数据来看,中央政府对体育事业的投入比重下降,地方政府的投入比重上升,这符合体育事业的地域性特征。2011年,中央政府的体育事业投入占全国体育事业投入的12.1%,2012年下降了近5个百分点,2013年、2014年和2015年分别为8.4%、8.5%和8.9%,虽较2012年有所上升,但仍低于2011年。(表1-5)

表1-5 2011—2015年中央与地方体育事业支出结构情况

年份	全国/亿元	中央		地方	
		额度/亿元	比重/%	额度/亿元	比重/%
2011	365.21	44.21	12.1	321.00	87.9
2012	388.42	27.62	7.1	360.80	92.9
2013	315.79	26.58	8.4	289.21	91.6
2014	333.79	28.53	8.5	305.26	91.5
2015	354.95	31.43	8.9	323.52	91.1

数据来源:《体育事业统计年鉴》(2012—2016年)。

现阶段,在中央政府关于经济社会协调发展战略的指导下,需要着力纠正各级政府对经济职能的倚重,实现政府职能的理性回归,自觉履行公共服务职能,将公共体育服务均等化作为规范中央与地方关系的核心内容着力推进。当然,地方政府成功实现经济建设型政府向服务型政府的转化，既需要地方政府自身的努力，也需要科学合理的中央与地方事权财权的分配体制、有效的中央对地方公共服务监督体系、规范的财政转移支付制度等支持。

第四节 我国公共体育服务实现机制转变特征

我国公共体育服务旨在促进人民体质健康，在资源全面开放和权利共享层面，确保公共体育服务资源向广大人民群众开放，保障公众的公共体育服务权益，并在一定标准上实现权益均等化。我国公共体育服务供给的复杂性、需求的多层次性与多样性以及民主化过程等特征，昭示着我国公共体育服务供需实现过程的管理需要从整体架构上进行系统分析。基于保障公共体育服务供给的效率、公平与质量，在国家层面对公共体育服务实现机制进行顶层制度设计是我国公共体育服务可持续发展的必然选择。

一、需求发动者改变：由政府到公民

目前，供给侧结构性改革既强调供给又关注需求，改革的内涵是增强供给结构对需求变化的适应性和灵活性，让新的需求不断催生新的供给，让新的供给持续创造新的需求，在互相推动中实现经济发展。公共体育服务需求是服务供给

的源头,直接影响到公共体育服务体系中的其他环节。① 长期以来,我国实行的是"自上而下"的管理体制,公共体育服务需求主要源于政府管理者的主观想象,对公众的公共体育服务需求调查不足,导致供给与实际需求之间存在着偏差,资源浪费问题严重。公共体育服务决策机制上的"缺位""越位"致使公共体育服务供给结构失衡。② 在实践中,由于对公共体育服务需求调研缺乏应有的重视,政府提供的公共体育服务与公众的现实需求脱节:一方面,公共体育服务供给不足,不能满足公众日益增长的体育服务需求;另一方面,由于公共体育服务供需错位与无效,政府难以有效提供公众切实需要的公共体育服务。

随着公共管理改革和"以人为本"理念的兴起,"以公众为导向"的公共体育服务体制逐步建立,满足公众需求是政府提升公共体育服务质量的关键。随着我国社会经济的发展以及人们生活水平的提高,公共体育服务需求的内容、层次、结构、方式等发生了相应改变。公共体育服务供给与公众需求脱节源于未能建立系统的公共体育服务供需管理体系,缺乏对公共体育服务需求调查、需求整合、需求传递和需求吸纳的管理能力。服务型政府建设与公共体育服务供给优化要求引入公共体育服务需求管理,对公众的需求偏好进行系统调查和排序,构建顺畅有效的需求表达机制,在此基

---

① 易锋,陈康,曾红卒,等. 体育公共服务的概念内涵及特征[J]. 江苏技术师范学院学报,2013,19(4):86-91.

② 刘蕾,胡庆山,刘安清,等. 农村体育公共服务体系理论的构建与研究[J]. 湖北体育科技,2012,31(5):535-537.

础上对各类需求信息进行有机整合,将真实有效的需求信息传递到公共体育服务决策中心,并及时转化为面向公众的公共体育服务项目,在需求管理和服务决策之间建立起紧密的适配性联系。公共体育服务供给由公众和社会支配,即公众需要什么样的公共体育服务,政府就提供什么样的公共体育服务;公众要求以什么样的方式提供公共体育服务,政府就按照要求的方式提供公共体育服务。这就需要改变传统公共体育服务"单向投入型"的供给机制,构建以公众需求为导向的"双向互动型"的供给机制,促进政府公共体育服务供给与公众需求的有效耦合。通过大数据分析、信息挖掘、民意调查等方式实时收集公众需求,并通过需求信息分析研判变迁规律与趋势,为公共体育服务的政策议程与规划制定等提供信息参考。通过对政府公共体育服务供给质量的全程监测,各级政府在公共体育服务供给中更加重视公众需求,既重视加大对公共体育服务的投入效率指标,又重视公共体育服务供给的公平、可持续性与公众满意度等质量指标。

二、组织方式改变:由单一提供到联合提供

任何一种供给主体都无法完全准确地反映公众需要偏好和现实利益诉求,会因其自身的价值判断而造成供给结果与需求目标的不一致。① 传统范式仅仅强调政府公共体育服务

---

① 王家宏. 我国公共体育服务体系的内涵、特征与价值取向 [J]. 成都体育学院学报, 2014, 40 (1): 7-11.

提供的责任，既忽视公众的权利和责任，又排斥企业和社会组织的参与，导致公共体育服务供给质量不高、品种不多，无法满足公众需求。"健康中国"战略目标的实现则是注重市场和社会力量作用的发挥，强化政府保障职能，形成以政府为主导，企业、体育社会组织等主体共同参与公共体育服务供给的发展格局。根据公共体育服务的不同类型，确定供给主体和方式，实现供需对接，提高供给的质量和效果。政府提供法律法规、扶持政策、保障制度等制度性公共体育服务。① 通过购买、委托服务等方式由非政府组织、个人、企业、社会团体等提供社会性的具体公共体育服务；对于属于满足享受型的经济型公共体育服务，则通过市场配置资源，引导体育企业及中介机构，参与诸如培育、推广品牌体育赛事活动和体育用品业的发展，满足全民健身时代人们需求的多样性。坚持简政放权、放管结合、优化服务，发挥市场机制对公共体育服务资源配置的调节作用，激发社会力量参与的积极性。完善体育社会组织参与公共体育服务的内容和项目清单，进一步规范准入标准、资质认定、招标采购、服务监管等规则和管理办法，指导体育社会组织依法依规参与公共体育服务，加大向体育社会组织开放公共体育服务资源的力度；加快发展各类体育俱乐部实体，高度重视群众自发组织的草根体育社团建设，扩大团体会员和个人会员数量；加强科学健身指导服务专家队伍建设，创新社会体育指导员技

---

① 蓝国彬，樊炳有. 我国体育公共服务供给主体及供给方式探析 [J]. 首都体育学院学报，2010，22（2）：27-31.

能培训、分级管理等制度，提高社会体育指导员业务技能和综合素质。

政府应着力构建公共体育服务多元供给主体间的合作机制，建立权力共享、风险共担的公共体育服务供给联合体。首先，政府通过建立机制提高私人部门的社会声誉、加大政府补偿力度、对非营利组织提供财政资金支持等，激励其参与公共体育服务供给。其次，进一步完善公共体育服务的市场价格形成机制，约束各主体盲目追逐市场利益最大化的冲动，保证每个公民公平享有体育服务的权利。① 再次，需要建立畅通的需求表达与反馈机制，将自上而下的调查与自下而上的表达主动结合起来，确保及时有效地获取公众公共体育服务需求信息，精确识别我国公共体育服务需求。最后，需要划分公共体育服务主体的责任义务，明确公共体育服务供给的优先顺序以及公共体育服务资源的合理配比，促进政府和社会资本合作，政府通过投资补助、基金注资等多种方式，大力支持PPP（Public Private Partnership）项目。

三、构成主体改变：从"政府—公民"到"提供者—生产者—消费者"

传统体制下政府提供什么样的公共服务以及怎样提供公共服务等都是依据国家政治需要来决定的，公民更多的是被

---

① 王家宏. 我国公共体育服务体系的内涵、特征与价值取向 [J]. 成都体育学院学报，2014，40（1）：7-11.

动地接受，没有自由选择的权利。① 公共体育服务更是如此。公共体育服务供给必须以满足公民需求为价值取向，公共体育服务供给主体也从"政府—公民"的单向关系，变为公共体育服务的"提供者—生产者—消费者"三方协作互动的关系。民营化专家萨瓦斯提出公共服务体系中三个基本参与者分别是公共服务的安排者、消费者与生产者。② 规划者选择并安排生产者，生产者与用户群体协同生产，进而满足用户群体的公共体育服务需求。政府职能和相应的公共体育服务资源可以选择性地向社会和市场转移，激励民间资本和社会力量生产、提供公共体育服务。

公共体育服务供给可以由提供者与生产者合作完成，政府（提供者）和企业、社会组织（生产者）携手合作，通过多样的制度安排为公民提供物品和服务。③ 政府通过契约把公共体育服务委托给企业、社会组织等服务生产者。政府向公共体育服务生产者提供资源，通过激励或控制手段管理公共体育服务生产者，进而保障对公民长期提供公共体育服务。作为公共体育服务生产者的社会组织通过与政府签订契约获得资源，通过竞争降低公共体育服务生产成本。与政府部门相比，社会组织不受科层制的约束，灵活的管理与运营

---

① 丁元竹，丁潇潇. 国际视野中的基本公共服务提供模式 [J]. 公共管理与政策评论，2013，2（1）：7-22.
② 吕芳，潘小娟. 基于公民互助的协同生产——公共服务供给的一种新模式 [J]. 北京行政学院学报，2014（6）：103-107.
③ 吕芳，潘小娟. 基于公民互助的协同生产——公共服务供给的一种新模式 [J]. 北京行政学院学报，2014（6）：103-107.

更加有利于满足公众多元化、差异化的公共体育服务需求。此外，与企业相比，以公益为导向的社会组织不以营利为目的，有利于保证公共体育服务的质量。

多元主体对公共体育服务供给的全过程采取精细化的管理，按照"复杂的事情简单化、简单的事情流程化、流程化的事情定量化、定量的事情信息化"① 的要求，以服务理念的人本化、服务客体的明确化、服务内容的多样化、服务技术的现代化、服务结构的合理化、服务过程的规范化为标准，实现公共体育服务精准化供给。比如，公共体育服务市场化中的政府是公共体育服务委托者，私营部门是生产者，政府部门安排和决定提供"哪些服务"，政府部门与私营部门的关系转变为合作伙伴关系。政府需要通过制定公共体育服务标准及相应的法律法规等措施来监督、规制和引导私营部门的生产，使其实现能力与责任的平衡。政府确定供给方向、私营部门生产、使用者付费的方式，不仅能提高效率、降低服务成本和服务价格，也更能满足公共体育服务的差异性需求，遏制"搭便车"现象。② 政府监管企业与消费者之间的服务供给与购买，在特定的情况下通过对企业进行补贴或对消费者发放各种消费券，以扩大公民行使消费者选择权的范围。同时，消费者可以通过投票和质量评价等方式对企业进行监督。社会组织参与公共体育服务的供给，可以在一

---

① 贾先国. 工程项目施工精细化管理探讨 [J]. 西安建筑科技大学学报（社会科学版），2009，28（4）：26-29.

② 陈娟. 双向互动：非公企业在公共服务供给中的角色定位与路径选择——基于浙江实践的分析 [J]. 广东行政学院学报，2012，24（2）：21-25.

定程度上调节和补偿不同质量的服务，特别是在弱势群体的体育服务供给方面。

四、公共体育服务中政府角色转变：从"善政"到"善治"

"善政"建立在传统的社会统治结构和韦伯式官僚体制之上[1]，政府垄断、行政集权和科层组织是其主要特征，公民被动期望，国家主动行政治理。传统"善政"管理模式下的政府定位于"全能政府"与"无限政府"，社会组织、企业、社会公众完全处于政府权力的控制范围之内，公民社会也难以成长。[2] 随着社会主义市场经济体制的完善，传统的国家与政府的计划和命令等强制性行政手段已无法实现目标。

"善治"模式强调政府规划、引导与设计等主导作用发挥下的多元主体间的合作。现阶段，政府责任逐渐转移给公民社会，后者包括各种私人部门和公民自发性团体。"善治"强调上下互动，通过合作、协商、伙伴关系、确立认同和共同的目标等实施对公共体育服务的管理。"善治"所依靠的不是政府的权威，而是合作网络的权威，其权力向度是

---

[1] 胡仙芝. 论政治文明建设视野下的政府治理文明目标及其路径 [J]. 北京联合大学学报（人文社会科学版），2008，6（3）：50-56.
[2] 曾盛聪，李小兰. 从"善政"到"善治"：我国城市治理的现代转型 [J]. 理论与现代化，2006（6）：115-119.

多元和相互的。① 随着社会经济的快速发展，在公共体育服务实践中引入竞争机制非常必要，它能促使政府摆脱垄断性的角色定位，促使社会中介组织、民间公益组织等非政府组织在法律的框架内成为公共体育服务发展的主体，形成政府主导下的竞争合作机制，促使其运行的协调共治。"善治"引导公民积极参与合作，在赋予公民更多机会和权利参与政府决策的同时，也可以有效保障公共政策对于公共性的维护，是实现公共利益最大化的根本要求。②

第五节　我国公共体育服务供给方式选择

公共体育服务具有非排他性和非竞争性。一般来讲，公共体育服务供给方式除了要考虑公共物品的特性之外，确保公共服务规划者与生产者相分离也是供给方式选定的基本前提，而公共体育服务的"外部性、异质性、可度量性"是选择服务规划者和生产者的基本决策点，在上述前提的基础上最终形成了不同的供给方式。

一、外部性与公共体育服务供给

外部性，是指某个经济主体对另一个经济主体产生一种外部影响，而这种外部影响不能通过市场价格进行买卖。外

---

① 石佑启，杨治坤. 论行政体制改革与善治 [J]. 江汉大学学报（社会科学版），2009，26 (1)：55-60.
② 崔光胜. 现代政府管理理念的转型与变革 [J]. 新视野，2014 (2)：64-67.

部性有正外部性和负外部性之分，其中正外部性与公共体育服务的非竞争性、非排他性紧密相关。制度的外部性问题要解决的是如何在社会成员中分配制度变革所带来的新增利益的问题。因此，政府更适合提供正外部性强的公共体育服务，正外部性居中的公共体育服务更适合由社会组织来提供，正外部性弱的公共体育服务由市场提供则更加有动力。

二、异质性与公共体育服务供给

异质性是与同质性相对应的一个概念，在公共服务领域主要是指针对不同利益群体的需求提供的多种多样的公共服务形式，是决定公共服务供给方式的另一个重要决策点。首先，公共体育服务的异质性产生于公共体育服务消费的异质性群体，主要包括年龄、性别、种族、民族、职业、地位、收入和受教育程度等特征。[①] 随着人口老龄化、家庭结构变化和社会阶层的分化，人群的异质性逐渐加剧，需求的异质性大大增加。其次，公共服务的异质性还源于同一群体对公共体育服务需求的异质性，比如，老年人群体对公共体育服务的需求不尽相同，即使不能自理的老人需要的康复理疗服务也不尽相同。最后，公共体育服务的异质性还源于地域的差异以及历史时期的不同。公共体育服务的异质性导致中央政府和地方政府之间要进行公共体育服务的职责分工。同质性服务因信息收集的便利，可以由更高一层级的政府来提

---

① 吴玉霞. 公共服务分工与合作网络的理论与实证研究 [D]. 杭州：浙江大学，2012.

供；异质性特征明显的公共体育服务，因需求者的偏好收集困难，导致交易成本上升，由地方政府来提供更加经济。对于外部经济效应相当，但类型不同的公共体育服务而言，选择体育社会组织作为服务供给者，能够更好地、更有针对性地满足消费者需求。

三、可度量性与公共体育服务供给

公共体育服务产出和投入的可度量性是选择最优效率和绩效的供给方式的重要依据之一。外部性和异质性的确定促使公共体育服务的规划者日益明晰，可度量性用以决定公共体育服务的生产者。服务若具有较高的可度量性，可以有效减少成本。公共体育服务规划者通过比较治理结构交易成本的高低，选择自己生产还是服务外包。公共体育服务的可度量性促使了公共体育服务外包的产生，也成为规划者与生产者相分离的促进力量。公共体育服务可度量性越高，则服务外包、特许经营和补助的成本缩减就越明显，促使公共体育服务外包的可能性越大。

本 章 小 结

我国公共体育服务需求的转变与供给存在严重的不匹配情况，传统公共体育服务体制中的政府在供给中既扮演生产者又扮演供给者，政府职能不清，制约了社会组织和市场的发展，导致我国公共体育服务供给带有浓厚的行政色彩和垄断性，缺乏效益和活力。我国公共体育服务在群众体育需求表达、供给、保障及评价考核等相关机制建设方面相对滞后。相关法律法规滞后致使公共体育服务体系建设难以实现"有法可依""依法治体"的要求。我国公共体育产品供应的数量不断增加，但公共体育服务部门的失位缺陷无法有效控制与弥补，民间资本无法介入，有效供给总量严重不足。我国公共体育服务政府供给的现实困境主要有公共体育服务理念滞后、公共体育服务职能不到位、支出不足、供给失衡、社会协同缺乏、公众参与不充分等。我国公共体育服务政府供给困境的改进策略主要包括树立兼顾公平与效率的公共体育服务价值理念，选择政府主导与多元协同的公共体育服务的供给管理模式以及公共体育服务需求管理的民主化机制及其选择等。公共体育服务的"外部性、异质性、可度量性"是选择服务规划者和生产者的基本决策点，进而形成了不同的供给方式。公共体育服务供给主体都具有各自特定的功能属性，这有助于在体系内部形成主体间的协调、沟通、合作式的协同效应，并形成公共体育服务资源配置均衡化、参与主体多元化、管理机制规范化、服务效益最大化的综合联动系统，从而保障公众享有公共体育服务。我国公共体育服务要树立兼顾公平与效率的价值理念，明确政府主导与多元协同的公共体育服务供给管理模式，践行公共体育服务需求管理实施民主化机制，突破政府供给公共体育服务的现实困境。

第二章 我国公共体育服务供需主体功能互动

新公共服务理论提倡政府应该承担满足公民所需要的各种公共服务的责任，促进和维护公共利益的实现。随着萨缪尔森《公共支出的纯理论》的发表，针对不同类型和特大的公共物品，逐步形成了多种主体提供公共物品的现象。党的十八届三中全会明确指出，要正确处理政府和社会的关系，实施"政社分开"，"凡属事务性管理服务，原则上都要引入竞争机制，通过合同、委托等方式向社会购买"①。《国家基本公共服务体系"十二五"规划》和《"十三五"推进基本公共体育服务均等化规划》提出公共体育服务关乎公民的基本体育权利，需要国家公共部门来提供保障。公共体育服务的内容是"服务"，而修饰语"公共"是核心，其实质是反映了体育需求与供给过程中的一种价值取向与利益选择，公众体育服务需求的多样化从客观上要求公共体育服

---

① 国务院. 中共中央关于全面深化改革若干重大问题的决定［EB/OL］.（2013-11-15）［2022-11-14］. http://www.scio.gov.cn/zxbd/nd/2013/Document/1374228/1374228.htm.

务供给主体的多样化和动态化。在市场经济体系下,提供主体呈现出多样化特征,政府、市场与社会组织成为公共体育服务生产与提供的主体。而通过分析公共体育服务多元供给主体的功能边界,明确公共体育服务多元供给主体的协作机理,这对于克服政府单一供给的困境,实现政府、市场与社会组织供给的互补、竞争与有序,降低服务成本,有效提高公共体育服务供给效率有着重要的现实意义。

第一节　我国公共体育服务供需主体

公共体育服务本质上是一个公共体育产品需求表达与供给有效满足的问题。公共体育服务需求是公共体育服务体系存在的基础和根本原因,而公共体育服务供给则是公共体育服务体系的核心构成。

一、公共体育服务需求主体

公共体育服务聚焦于需求的满足。公共需求是社会成员在社会生产与生活中的共同需要,是除政府以外的其他社会团体和市场不能满足和不能提供的需要。[1] 服务需求主体指公共服务交易中的买方,可以是组织或个人,而需求主体的差异性决定了公共服务需求内容的多元化,不同社会阶层的公共服务需求偏好存在着差异。公共体育服务的需求主体是

---

[1] 郑恒峰.新型城镇化进程中地方政府公共服务能力建设研究——基于公共供求关系视角的分析[J].中共福建省委党校学报,2013(10):21-26.

公共体育服务的接受者或受益者。根据受益影响程度，公众、非营利组织、政府、社区均是公共体育服务的需求主体，各主体在公共体育服务中提供各自的服务内容的同时，也在不断地获取或共享公共体育服务。超越传统体制下的公共体育服务由政府单一提供，根据民众需求多元主体共同提供公共体育服务才是服务型政府建设的核心理念。基于公共体育服务需求与供给的平衡的实现，民众的需求层次和政府能力的限制是政府提供公共体育服务需要考虑的重要因素。目前，全国各地基本建成了政务服务中心和社区服务中心等机构，便于更好地进行需求调查与需求信息管理。通过整合这些公共服务部门，设置负责需求信息集中式管理的公共组织，可以促进需求信息的一体化、整体性和高效化管理。

二、公共体育服务供给主体

供给主体是指交易中的卖方，即向市场提供交易对象的组织、个人。供给主体通过有效手段配置公共体育服务资源，进而促进公共体育服务提供的均衡、高效和优质。从供给主体结构看，公共体育服务供给的关键是由谁来供给的问题，多个主体间合作或竞争；从提供过程来看，主要讨论的是怎么供给的问题。公共体育服务供给主体主要包括政府、市场和社会组织等。政府的根本职责在于均衡、有效地配置公共体育资源。政府一般提供公共性纯度较高的公共体育服务、纯粹的制度类公共体育服务（如公共体育服务相关的法律法规等），以及非政府力量不愿意或没有能力提供的公共体育服务。此外，各级政府在提供公共体育服务的过程中具有不同的地位和作用，特别是体现在推进公共体育服务均等化发展方面。比如，平衡地域差距主要是中央和省级政府的责任，而地级政府的责任一般是平衡城乡差距。伴随着服务型政府的逐步建立和完善以及公共体育服务需求的多样化，政府更应将精力聚焦在提高公共体育服务效率上，减少对微观事务的干预，在公共体育服务产品的提供方式上可以选择协商沟通，不断注入市场力量，引入竞争机制。比如，可以通过奖励或政府采购的方式间接地提供公共体育服务。当然，根本前提是保障公共体育服务和产品的非营利性。社会组织主要是指介于政府部门和营利组织之外的一切民间团体或民间协会、基金会和公益性事业单位。积极培育各种社会组织参与公共体育服务，有利于保证公共体育服务供给的效率和质量。

　　由此可以看出，政府既可以直接作为供给主体，也可以采取市场化的运作方式，由其他市场主体作为供给方。在建设服务型政府大背景下，体育行政部门提供公共体育产品和服务、培育和扶植市场多元主体参与，维护市场公开、公平、公正。公共体育服务供给主体具有各自特定的功能属性，这有助于在体系内部形成主体间的协调、沟通、合作式的协同效应，并形成公共体育服务资源配置均衡化、参与主体多元化、管理机制规范化、服务效益最大化的综合联动系统，从而确保公众享有公共体育服务。

第二节　我国公共体育服务供给主体的分工

分工,是指人类社会的生产活动中,工序或者功能的划分,指工作的工序或者社会的功能被分成不同的部分,每一部分由不同的人来完成。① "公共服务的提供(provision)"和"公共服务的生产(production)"为公共服务供给分工奠定了理论基础。公共体育服务供给是政府公共体育服务职能及其实现方式的统一体。政府在增进公共体育福利、提供公共体育产品的过程中所承担的职能,往往需要借助一定的手段和路径才能实现,包括公共服务的供给和生产这两个互相区别的概念。② 公共体育服务供给职能明确了公共体育服务的责任主体是政府,政府应该为公共体育服务承担必要的责任,政府在公共体育服务供给中承担着组织者、协调者与监督者的角色。公共体育服务的生产职能明确了由谁来替供给者具体执行的问题,其本质是将资金、设备等各种有形资源和制度、政策等无形资源转化为公共产品或公共服务的技术过程。社会组织、私人企业等均可以在一定的制度安排下成为公共体育服务的生产者。

实践表明,公共体育服务由非政府组织承担生产任务比政府独自提供服务表现得更有效率。公共体育服务供给分工

---

① 吴玉霞. 公共服务供给分工与合作网络的理论与实证研究 [M]. 杭州: 浙江工商大学出版社, 2015: 22.
② 何精华. 区分供给与生产: 基于政府公共服务职能实现方式的分析框架 [J]. 中国行政管理, 2007 (2): 104-109.

产生的必要前提是出资人和生产者角色分离的转变。政府直接生产是传统体制下公共体育服务的唯一供给方式，政府既是直接出资人又是生产者，这导致了公共体育服务出资人与生产者的角色重叠，是科层制供给效率低下的根源。当政府将公共体育服务生产环节外包时，就出现直接出资人与产品生产者分离的现象。

第三节 我国公共体育服务供给主体功能互动理论模型分析

公共体育服务供给分工中存在着多重委托代理关系，而实践中的公共体育服务供给分工则更为复杂。服务的规划者可以是政府但不限于政府，其角色主要包括资金拨付、制定规则和监督管理。服务的生产者既包括服务机构也包括专业人士，职能是生产服务和管理监督。服务对象不仅包括公民，还包括作为市场主体的企业和作为社会主体的社会组织。

在公共体育服务的供给分工中，政府要充分发挥其公共服务职能和财政责任，通过发展公共体育服务规划者和生产者的专业优势，降低交易成本，促进政府与市场、社会组织之间分工协作的良性循环，建成公共体育服务供给的合作网络。从某种程度上来说，公共体育服务的供给机制是公共体育服务供给分工的表现形式。① 政府提供公共物品和服务的

---

① 吴玉霞. 公共服务分工与合作网络的理论与实证研究 [D]. 杭州：浙江大学，2012.

方式主要有两种：一种是直接提供，即政府全面负责公共体育服务的生产和供给；另一种是政府通过签约的形式，由企业或者非营利组织提供。公共体育服务供给分工通过增加供给者来弥补政府直接生产的局限性，成本信息更易被资助者获悉，利于解决服务评价的难题；公共体育服务生产者的增加可以减少总体的服务预算，有利于进一步限制公共体育服务生产机构的垄断性权力。公共体育服务的供给分工包含了资金拨付和服务生产，并注重多元主体间的协作互动，具体如图 2-1 所示。

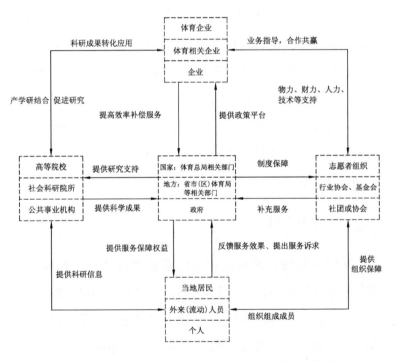

图 2-1　公共体育服务多元供给主体功能互动理论模型

第四节 我国公共体育服务供给主体功能互动实践

《"十三五"推进基本公共体育服务均等化规划》提出要推进政府购买公共服务，能由政府购买的服务生产与供给，政府不再直接承办，而是交由具备条件、信誉良好的社会组织、机构、事业单位和企业等承担。制定实施政府购买公共服务的指导性目录，确定政府购买公共服务的种类、性质和内容，规范项目遴选、信息发布、组织购买、项目监管、绩效评价等流程，加强政府购买公共服务的财政预算管理。近年来，随着公共体育服务需求的迅速增长，体育行政部门依靠现有的资源难以满足公众需求。政府购买服务作为公共体育服务多元化供给的实现途径之一，对于解决单一供给主体与社会公众日益多样化体育需求之间的矛盾、保持高效供给具有重要作用。

一、案例介绍

2013年年底，常州市在全国率先出台《关于购买公共体育服务的实施办法》，首批共18个项目。2014—2016年，购买项目共计83项，吸引社会资金超过300万元。2017年，常州市政府购买公共体育服务的费用全部由财政经费承担，其中体育彩票公益金是政府购买公共体育服务的主要资金来源。政府购买公共体育赛事项目，具体项目和承接单位及承接单位性质如表 2-1 所示。常州市政府将购买过程、评价结果进行公示并受社会监督,存在失信行为的社会组织将会被纳入失信档案,两年内不得再申报购买公共体育服务项目。2017 年,建立第三方考核机制,进一步规范了财政资金的高效使用,公共体育服务需求得以日益满足。

表 2-1　2017 年常州市政府购买公共体育服务项目一览表

序号	项目	承接单位	承接单位性质
1	常州市足球俱乐部联赛	常州市足球协会	非营利性社会组织
2	常州市篮球俱乐部联赛	常州奥体场馆管理有限公司	有限公司
3	常州市5人制足球比赛	常州喜悦足球俱乐部有限公司	有限公司
4	常州市3人制篮球比赛	常州奥体少体校场馆管理有限公司	有限公司
5	常州市羽毛球比赛	常州奥体场馆管理有限公司	有限公司
6	常州市乒乓球比赛	常州市乒乓球协会	非营利性社会组织
7	常州市网球比赛	常州奥体场馆管理有限公司	有限公司
8	常州市健步走活动	常州龙城磨坊户外运动俱乐部	非营利性社会组织
9	常州市健身气功交流展示活动	常州市天宁区青龙街道健身气功协会	非营利性社会组织
10	常州市传统武术展示活动	常州市太极拳运动协会	非营利性社会组织

续表

序号	项目	承接单位	承接单位性质
11	常州市中老年人健身秧歌展示活动	常州市老年人体育协会	非营利性社会组织
12	常州市排球比赛	常州市排球运动协会	非营利性社会组织
13	常州市电子竞技比赛	常州市电子竞技运动协会	非营利性社会组织
14	常州市飞镖比赛	常州市飞镖运动协会	非营利性社会组织
15	常州市健身健美比赛	常州市健身健美运动协会	非营利性社会组织
16	常州市"无车日"自行车骑行比赛	常州捷安特自行车运动俱乐部	非营利性社会组织
17	常州市门球比赛	常州市门球运动协会	非营利性社会组织
18	常州市游泳比赛	常州奥体春江场馆管理有限公司	有限公司
19	常州市体育舞蹈比赛	常州市体育舞蹈运动协会	非营利性社会组织
20	常州市跆拳道比赛	常州市跆拳道运动协会	非营利性社会组织
21	常州市台球比赛	常州市台球协会	非营利性社会组织
22	常州市广场舞比赛	常州市社会体育指导员协会、常州市体育舞蹈协会	非营利性社会组织
23	常州市保龄球比赛	常州市佳得利保龄球馆	个人独资企业
24	常州市象棋比赛	常州市弈天棋院	非营利性社会组织

续表

序号	项目	承接单位	承接单位性质
25	常州市围棋比赛	常州市棋类协会	非营利性社会组织
26	常州市国际象棋比赛	常州市国际象棋协会	非营利性社会组织
27	常州市钓鱼比赛	常州市钓鱼协会	非营利性社会组织
28	常州市舞龙舞狮比赛	常州市舞龙舞狮运动协会	非营利性社会组织
29	常州市健身操（舞）比赛	常州市体育舞蹈运动协会	非营利性社会组织
30	常州市扑克牌"掼蛋"比赛	常州市弈天棋院	非营利性社会组织
31	常州市中老年气排球比赛	常州市老年人体育协会	非营利性社会组织
32	常州市社会体育指导员培训服务	常州市社会体育指导员协会	非营利性社会组织
33	第三方绩效考核采购要求	常州弘普体育文化有限公司	有限公司
34	常州市中小学校园足球示范校课后培训及足球公开课服务	常州乐天体育活动咨询有限公司	有限公司

二、案例分析

政府购买公共体育服务是政府提供公共体育服务的一种新方式，有利于调动社会组织和市场参与供给的积极性，有效提高公共体育服务供给的质量和效率。随着实践探索的发展，条款规定越来越细化，政府购买公共体育服务运行机制主要包括以下几点。

(一) 关于购买主体和承接主体

政府向社会力量购买公共服务的主体是政府体育行政部门和具有行政管理职能的事业单位。承接主体包括依法在行政部门登记成立的社会组织和在工商管理或行业主管部门登记成立的企业、机构和社会力量。承接主体需要具备健全的内部治理结构、财务会计和资产管理制度，以及良好的社会和商业信誉。市场和社会组织按照合同履行义务，独立实施，按期完成，购买主体全程监督项目实施和进行年度绩效考核，建立社会组织信用记录，并接受财政部门监管。

2017年，常州市政府购买公共体育服务项目数为34项，其中，主体性质为协会及社会性俱乐部的有25项，占比约为74%，主体性质为企业的有9家，占比约为26%，其中，常州奥体场馆管理有限公司承办了3项赛事，赛事涉及篮球、羽毛球与网球比赛。（表2-1）非营利组织和私营企业在常州市购买公共体育服务的过程中是共存的，当然，非营利组织仍然占有较大比例，政府不能涉及和企业不愿涉及的公共体育服务领域正是非营利组织的优势所在，其本身拥有志愿精神，积极参与公共体育服务的管理、运行的日常活动，因此更了解基层的实际需求，从而能保障组织运行的高效率，满足了不同社会阶层的多元化需求，成为政府服务项目的主要承接主体。常州市政府购买公共体育服务的实践表明，"政府主导、部门联动、全社会共同参与"的工作机制得以完善，社会力量参与提供公共体育服务的热情得以激发,有效推动了体育社会组织的发展。

(二) 关于购买方式和项目实施

萨瓦斯认为,可以通过以下10种途径来提供公共服务,包括政府服务、政府间协议、政府出售、合同承包、补助、特许经营、自由市场、志愿服务和自我服务。① 根据我国目前政府购买公共体育服务项目的特点和要求,购买方式主要包括政府采购制、直接资助制和项目申请制。政府购买公共体育服务的方式包括公开招标、邀请招标、竞争性磋商、竞争性谈判等多种。相应的体育主管部门将会同有关方面组成购买公共体育服务领导小组,制定完善的工作制度,确保该项工作规范有序地开展。

(三) 关于监督管理和绩效评价

随着社会经济的快速发展,政府通过免税或其他税收优惠政策、低息贷款等形式补贴公共体育服务提供方也成为政府购买公共体育服务的重要选择,两种方式都是政府与服务提供方之间的合作,政府的权力在于要求服务提供方在降低服务价格的同时保证服务质量。当然,这依赖于足够数量的服务竞争者的存在,以及对服务提供方的明确要求与严格监管,若竞争者不足会导致供方压力不够和动力不足,以及服务效率和质量下降的问题。② 随着合同的实际运行,初期投标方数量较多并非必然带来服务提供的高效率,一些组织在

---

① 邓念国.西方国家社会保障的民营化:新制度主义的视角 [D].上海:上海交通大学,2008.
② 张汝立,陈书洁.西方发达国家政府购买社会公共服务的经验和教训 [J].中国行政管理,2010 (11):98-102.

获得服务提供权力之后,有可能垄断一个地区的某项服务,产生新的私人垄断,这有可能危及原本服务提供的效率目标。这就需要规范项目遴选、信息发布、组织购买、项目监管、绩效评价等流程,加强政府购买公共体育服务的财政预算管理。① 当然,公共体育服务的监管权分散在众多的政府部门手中,主管部门与社会组织存在着隶属关系,利益的复杂性对监管和评价购买服务十分不利。此外,定量指标多从投入资金、人员、参与等方面进行,而相对忽视具体的实施效果、效益和效率评价,而这易导致政府购买公共体育服务绩效评估流于形式、缺乏执行力。不可否认,对承担服务项目的绩效考核是一个专业和值得关注的问题,一些非营利组织或私营企业由于长期受到政府资助,产生了官僚化倾向,服务效率大幅降低。② 加之公共体育服务本身的特性易加大监督评价工作难度,尤其在成本价格计算以及服务过程的监控和质量标准的确定等方面存在较大困难。因此,加强保持政府对合作方运作的监督和管理,通过合同确定的标准加强执行能力是十分必要的。

---

① 国务院."十三五"推进基本公共服务均等化规划 [EB/OL].(2017-03-01)[2022-11-14].http://www.gov.cn/xinwen/2017/03/01/content_5172013.htm.
② 张汝立,陈书洁.西方发达国家政府购买社会公共服务的经验和教训 [J].中国行政管理,2010(11):98-102.

第五节 我国公共体育服务
供需有效管理的策略选择

一、公共体育服务的价值选择：公平与效率

目前，社会公众不仅关注公共体育服务供给效率的提高，还关注公共体育服务供给公平的落实。公平指向是追求公共体育服务的均等化，使全体人民共享改革发展成果。长期以来，我国公共体育产品的供给多沿袭计划经济体制模式，城乡分割的二元社会结构使公共体育服务供给难以覆盖广大农村地区，农民无法享受与城市居民同等的公共体育服务水平。公共体育服务发展需要从全体社会成员的切身利益出发，通过建立城乡统一的公共体育服务制度，保证城乡公共体育服务均等化。公共体育服务权力来自民众的授权，必须服务于所有民众。国家是社会公共利益的代表，政府只有以公平作为公共服务的基本原则，才能实现政府的合法性。效率指向是在公共体育服务中实现资源利用的最优化，但仍然需要以公共利益为导向。公共体育服务追求利益的最大化和成本的最小化，是衡量政府高效率的一个重要指标。政府只有提高公共体育服务效率，才能满足公民更快速、更廉价、更优质的公共体育服务需求。而实现政府公共体育服务职能，提高公共体育服务质量和效率，前提是要改革现行的体育体制和机制，这需要进一步优化机构设置和办公流程，

加快行政审批制度及运行机制的建设，进一步深化政府体育部门人事制度改革，努力提高人事工作的科学化、民主化与制度化水平，提高公共体育服务运行机制的效率，为政府全面履行公共体育服务职能奠定基础。这需要积极引导社会力量参与公共体育服务供给，加强政府与社会资本的合作，实现供给方式的多样化，提升公共体育服务供给的效率，保障公共体育服务供给公平，充分发挥社区、专业合作组织和私人组织等主体的积极作用，实现公共体育服务供给主体多元化和供给竞争化，满足社会公众的迫切需求。因此，公共体育服务必须强调以公平和效率作为价值选择。

二、公共体育服务的需求管理：民主和选择

公众作为公共体育服务的享受者，通过对服务方式和内容的选择达到对服务机构的监督，进而实现公共行政的民主价值。满足公众需求是政府提升公共体育服务质量的关键，应该进一步改变传统政府"单向投入型"的公共体育服务供给机制，构建公众需求导向型的"双向互动型"供给机制，促进政府公共体育服务供给与公众需求的有效耦合。当然，这需要通过大数据分析、信息挖掘、民意调查等实时收集社会公众对政府公共体育服务供给的公共需求，并通过需求信息分析研判变迁规律与趋势，为公共体育服务的政策议程与规划制定等提供信息参考。通过对政府公共体育服务供给质量的全程监测，可以让各级政府在公共体育服务供给中更加重视公众需求，既重视加大对公共体育服务的投入效率指标，更重视公共体育服务供给的公平、可持续性、公众满意度等质量指标。同时，民主化的公共体育服务体制必须具备完善的制度和通畅的渠道，有序地接受公众对公共体育服务的诉求。这需要进一步拓展公共体育服务供给中公众参与的路径与渠道，推行政策听证、民主恳谈、公民议事会等方式，构建公共体育服务的需求表达机制；当然，还可以通过公共体育服务供给的社会化与市场化，赋予公众对公共产品的选择权，并通过满意度调查等反馈公众对政府公共体育服务供给结果的认同状况，从而进行动态调整，确保政府公共体育服务供给能借助民力、惠及全民。

三、公共体育服务的供给管理：政府主导与多元协同

目前，公共体育服务体系的有效运转必须处理好政府与市场、公平与效率、激励与约束等关系，形成多元主体竞争有序的服务供给机制。公共服务供给机制在解决"为了谁"的基础上，更需要强调供给主体、供给范围、供给方式等工具理性，解决"谁来供给""供给什么""如何供给"等问题。① 现阶段，我国各级政府部门是公共体育服务的主要供给者，占据着较大的主动权，竞争的缺乏导致缺乏足够的激励和动力来提升效率。政府"单向投入型"供给过多地依赖投入任务指标、规模效应、责任考核等驱动各级政府履行供给责任，忽略了政策制定中的公众需求调查和政策执行中

---

① 姜晓萍. 基本公共服务应满足公众需求［N］. 人民日报，2015-08-30.

的公众需求回应，以及政策执行后的公众满意度分析等，从而导致公共体育服务供给与公众需求错位，出现供需失衡。

政府通过制定有效的公共体育服务法规、政策，调动各种社会力量参与公共体育服务建设，落实并建设各种公共体育服务基础设施、建立健全各类体育社会组织。各级政府要时刻关注公众的多元化公共体育服务需求，并根据公共体育服务需求信息，以提高群众满意度为目标，合理地配置公共体育资源，有针对性地提供公众急需的公共体育服务，实现公共体育服务供给的精细化。公共体育服务供给体系建设需要采取多元供给、分层服务的供给方式，可以根据不同公共体育服务项目的性质和特点，采取不同的供给模式，实行公共体育服务主体的多元化，具体包括三个方面：一是对那些不具有规模经济特征、进入门槛比较低的公共体育服务项目，逐步向民营企业和民间组织开放，鼓励和支持民营企业和民间组织参与公共体育服务。二是对那些规模经济特征明显、进入门槛较高的公共体育服务项目，主要引入市场机制，加强公共部门内部的竞争。三是对仍然需要依靠政府部门来提供的公共体育服务，如公共体育设施建设等重大项目，要加强监管、保障公正、努力降低成本并提高效率。当然，我国公共体育服务还要求政府各部门须以法规的形式确定自己所提供公共体育服务的内容、标准和责任，并进一步明确公共体育服务效率、质量、时限以及公务人员的行为准则、服务态度、服务承诺等服务标准，完善公共体育服务的绩效评估机制。

本 章 小 结

市场经济体制下公共体育服务的生产与供给主体包括政府、市场与社会组织。公共体育服务的外部性、异质性和可度量性是选择供给方式的基本决策点,公共体育服务的供给分工不仅包含了公共体育服务的资金拨付和服务生产,更强调多元供给主体的参与,强调多元供给主体之间边界的专业化和协作关系。市场企业组织特有的竞争机制有利于供给效率的提高,而社会组织本身所拥有的志愿精神以及参与公共体育服务供给的积极性,保证了供给的高效率,满足了不同社会阶层的多元化需求,成为政府服务项目的承接主体。针对公共体育服务本身的特性易加大监督评估工作难度,尤其在成本价格计算、服务过程的监控和质量标准的确定等方面,因此,必须加强保持政府对合作方运作的监督和管理,进而通过合同确定的标准加强执行能力。

个人偏好的多样化、多民族性和社会居民的阶层分化则引起了公共体育服务需求的多样化和多层次性。政府本身结构复杂,在围绕供给资源的有限供给中,政府行为的改变又增加了公共体育服务供给主体之间的复杂性。公共体育服务供给决策民主化需要通过决策理念、机制、方法和技术民主化而实现。基于保持公共体育服务供给的效率和公平,实现机制首先需要需求发动者实现由政府到公民的转变,改变传统"单向投入型"公共体育服务供给机制,构建以公众需求为导向的"双向互动型"供给机制，促进政府公共体育服务供给与公众需求的有效耦合；其次，需要完成组织方式由单一提供到联合提供的改变，建立起权力分享、风险共担的公共体育服务供给联合体；再次，需要公共体育服务构成主体强调政府——公民的单向度关系向公共体育服务提供者、生产者和消费者的三方协作互动转变；最后，需要政府完成从"善政"到"善治"的角色转变，传统"善政"模式下政府仍是一个大包大揽的"全能政府""无限政府"，而"善治"的多元治理结构强调形成政府主导作用下多元主体竞争合作的公共体育服务供给体系，强调国家与社会上下互动合作、协商，实施对公共体育服务的有效管理。

第三章 新时代公共体育服务体系的公共性、效能性与整体性

目前,我国学者对公共体育服务体系的研究主要集中在公共体育服务的内涵和结构、体制和机制等理论研究以及不同城市和农村的实证研究方面,缺乏对公共体育服务动态性、整体性的研究。从整个公共体育服务体系运行过程来看,现阶段"自上而下"的公共体育服务供给,与"自下而上"的公共体育服务需求表达存在以下问题:表达通道不通畅,监督和评价机制尚未完全有效建立,绩效考核的落实有待破除相关体制性障碍,公共体育服务体系运行的保障性制度缺乏,等等。而公共体育服务体系建设从根本上是要解决公共体育服务体系的公共性问题(公平及其均等化机制)、公共体育服务体系的效能性问题(绩效及其考核评价机制)、公共体育服务体系的整体性问题(科学及其长效发展机制),因此,本研究主要从这三个方面展开探讨,以期为公共体育服务体系的科学构建提供参考。

第一节 公共体育服务体系的公共性问题：公平及其均等化机制

公共性是公共体育服务的核心属性，具有公平与正义特征的公共性作为一种价值理论，客观要求政府满足公众要求，让公众享有平等参与的权利和机会，并强调公共舆论的监督和批判作用。[①] 公民的体育权利要求每一个公民应该公平地享有各种公共体育服务。就目前而言，推进公共体育服务均等化有利于保障我国公民公平地享有公共体育服务的基本权利，对维护社会公共利益、完善公共体育服务体系具有重大意义。

一、我国公共体育服务均等化困境及其原因

从总体来看，我国公共体育服务非均等化主要体现在城乡不均等、区域不均等和群体享有不均等。城乡非均等化集中表现在体育场地设施和社会指导员的数量上。第六次全国体育场地普查数据显示，城镇拥有的体育场地为 96.27 万个，城镇人均体育场地面积为 0.98 平方米；乡村拥有的体育场地为 67.97 万个，乡村人均体育场地面积为 0.45 平方米。按 2013 年年末我国总人口 13.61 亿人（不包括香港特别行政区、澳门特别行政区和台湾省，其中城镇人口 7.31

---

① 王家宏，等. 我国公共体育服务体系研究［M］. 苏州：苏州大学出版社，2016：18.

亿人、农村人口6.30亿人）计算，全国每千人拥有指导员数量达到1.28人，其中，城市每千人拥有2.2人，提前超额完成《社会体育指导员发展规划（2011年—2015年）》规定的"城市达到每千人至少拥有一名社会体育指导员"的目标任务；农村每千人拥有0.2人，尚未达到"农村达到每两千人至少拥有一名社会体育指导员"的目标任务。。

区域非均等化主要集中表现在体育事业经费和国民体质监测站点的数量上。2016年《体育事业统计年鉴》显示，全国人均群众体育事业经费为1.83元，东部地区人均2.11元，而中部和西部地区人均分别为0.84元和2.48元，东北部地区人均1.65元；东部地区每百万人拥有国民体质监测站点数量有9个、中部地区有4个、西部地区有3个、东北部地区有5个。

群体非均等化主要体现在老年人和残疾人方面。随着我国老龄化的趋势逐渐加大，老年人已经成为参与体育锻炼的主要人群，但是就公共体育服务提供的对象来说，老年人却没有成为主要人群，并且政府对老年人的公共体育服务也是"重硬、轻软"的非均等化的供给，实际上老年人更需要科学的锻炼和体育指导。此外，残疾人是我国重点帮扶特殊困难群体之一，这些特殊困难群体需要的基本体育设施却难以得到保障，许多体育锻炼场地中适合残疾人使用的健身器材

---

① 国家体育总局.体育总局关于印发《社会体育指导员工作评估报告》[EB/OL].(2015-12-31)[2022-11-14]. https://www.sport.gov.cn/n315/n20001395/c20048509/content.html.

数量偏少，器材陈旧。上述调查数据充分表明，我国公共体育服务普遍存在非均等化问题。

　　当然，公共体育服务非均等化的原因很多，如公共体育财政体制不健全，政府对公共体育服务财政投入不足，中央政府和地方政府在公共服务均等化上的财权和事权不相匹配等。这些弱化了地方政府的供给能力，导致公共体育服务的区域不均等。同时，我国转移支付制度尚未充分发挥作用，不合理的转移支付制度偏离财力均等化目标，从而影响了城乡公共体育服务均等化的推进与实现；公共体育服务的供给结构不合理，供给主体过于重视硬件设施的建造，相比城市，乡镇的健身场所和方法指导严重缺失，也影响了城乡公共体育服务均等化的推进与实现。目前我国公共体育服务均等化衡量标准不完善，还没有建立健全的公共体育服务的基本标准，对服务内容、场地设施、人员配备以及体质监测次数都没有明确的规定；缺少公共体育服务均等化的法治建设，法规细化不够，政府对自己的职能强化和责任落实不具体，弱势群体基本的体育权利得不到相应的保障。

二、我国公共体育服务均等化发展路径研究

（一）建立公共体育服务财政均等化机制

　　中央政府对公共体育服务的财政投入，以及地方政府的财力对推动公共体育服务实现均等化有着重要影响，所以构建公共财政均等化机制显得尤其重要。中央政府应加大对公共体育服务的财政总投入，保证公共体育服务供给总量不短

缺；建立有效供给财政政策，加大地方公共体育服务财政经费的投入，调整供给财政的分配，让地方政府拥有和事权相对一致的财权。各政府完善转移支付制度，制定合理的优先顺序，使财政资金有效地运用在公共体育服务非均衡发展的地方。

(二) 完善公共体育服务多元主体协调供给机制

多元主体协调供给是建立公共体育服务均等化供给机制的基础。目前我国政府单一供给已经无法满足公民日益增长的公共体育服务需求，市场和社会组织的加入可以有效缓解我国公共体育服务供给产品和服务总量上的不足，尤其是社会组织公益性的特点使其更加注重效率与公平，更关注社会公民的需求。通过体育资助，可以缩小城乡、区域和群体之间的体育服务差距。多元主体供给还应注意公共体育服务的"硬设施"和"软服务"协调供给，着重满足对乡镇、老年人和残疾人科学的体育指导需求。

(三) 制定公共体育服务均等化标准

公共体育服务均等化的关键在于"标准"，而"标准"是随着社会发展变化的。对于这一标准的理解，横向角度分析，体育公共服务均等化的标准在于缩小区域之间、城乡之间及阶层之间的差距；纵向角度分析，体育公共服务均等化的标准是与社会整体发展水平相匹配的，是一个不断调整和提高的动态过程。① 第一，制定全国公共体育服务标准，也

---

① 董川. 体育公共服务均等化：内涵与标准的再认识 [J]. 阴山学刊 (自然科学版)，2013，27 (4)：48-50.

就是最低底线标准。统一基础标准可以缩小公共体育服务差距，各个区域制定的标准可以高于国家基础标准，但是不得低于国家基础标准。第二，制定公共财政标准，客观评估地方财政能力，减少转移支付中的盲目性和随意性。第三，制定公共体育服务供给标准，可以通过供给实物标准和供给机会标准来实现。具体从场地设施、财政资源和人力资源来制定实物标准，从体质监测、技能培训和接受体育教育来制定机会标准。

（四）建立公共体育服务均等化法治保障

公共体育服务法治保障的建设是为了实现公共体育服务体系供需平衡及满足公民公共体育服务需求，尤其是公共体育服务的均等化。为解决目前我国公共体育服务非均等化面临的困境，国家需要制定相关法规明确公共体育服务部门在公共体育服务中的权利和责任，解决我国公共体育服务部门存在的"缺位""错位""越位"等问题，从而推动我国公共体育服务的均等化发展进程。

（五）建立公共体育服务均等化反馈机制

在均等化机制系统中，推进均等化实现，需要确立基于需求的评价反馈和建立在信息反馈上的有效回应两个环节。[①] 首先，建设服务型政府，增强服务意识，提高评价反馈效率。必须加强政府及其他供给主体对公民的公共体育服务评价的重视程度，积极回应公民诉求，提升回应效果，促

---

① 赵威. 城乡公共文化服务均等化机制研究 [D]. 武汉：湖北工业大学，2015.

进回应均等。其次，公共体育服务均等化和公民参与政策制定、意见反馈、服务评价紧密相连，这需要进一步增强公民的参与意识，发挥公民的监督作用，保持公民和政府之间的有效互动。

第二节 公共体育服务体系的效能性问题：绩效及其考核评价机制

随着政府由经济建设型政府向服务型政府的转型，如何改善和提高政府工作的效率、效能和效果变得日益迫切。《全民健身实施计划（2010—2015 年）》和《全民健身实施计划（2016—2020 年）》均强调，县级以上人民政府要加强全民健身监督检查，建立全民健身公共服务绩效评价指标体系，对全民健身实施情况进行全面的评估。"十三五"规划同时提出转变政府职能需要研究制定体育综合评价体系，从多个方面综合评价政府的体育工作，进一步健全政府购买体育服务体制机制和监督管理、绩效评价等配套政策。

一、我国公共体育服务绩效考核问题及其原因

目前，国内学界对于公共体育服务绩效考核已经进行了深入研究与实践运用，结果表明绩效考核在公共体育服务应用中的实际问题主要集中在评价主体、评价内容、评价指标和评价程序四个方面。本部分以江苏省公共体育服务体系示范区创建为例，对江苏省公共体育服务体系示范区创建的评

定办法和江苏省公共体育服务体系示范区指标体系进行了分析,具体如表3-1所示。

表3-1 江苏省公共体育服务体系示范区指标体系（市级）

一级指标	二级指标
组织管理（0.159）	政府机构（0.375）
	社会机构（0.252）
	政策法规（0.373）
经费投入（0.171）	政府财政投入（0.647）
	社会资本投入（0.353）
服务运行（0.401）	场地设施（0.376）
	活动开展（0.174）
	健身指导（0.248）
	运动康复（0.077）
	信息服务（0.125）
服务效益（0.152）	经济效益（0.467）
	社会效益（0.533）
群众满意度（0.117）	满意度（1.000）

为贯彻落实《国家体育总局江苏省人民政府建设公共体育服务体系示范区合作协议》和《省政府办公厅关于推进公共体育服务体系示范区建设的实施意见》（苏政办发〔2014〕99号）推动江苏省在全国率先建成功能明确、网络健全、城乡一体、惠及全民的公共体育服务体系示范区，决定在全省范围内开展公共体育服务体系示范区创建工作。申报主体（省辖市体育部门）直接向省体育局申报，省辖市所辖县（市、区）经省辖市体育主管部门审核后申报（昆山市、泰兴市、沭阳县体育部门直接申报）。参加评定的主体对照评

定指标进行自评,并提供相应证明材料,按照规定时间报送省体育局委托的第三方评估机构进行评定。第三方评估机构将符合各项指标的申报主体单位评为"公共体育服务体系示范区单位"。

从创建江苏省公共体育服务体系示范区的评定方法来看,我国已经引入第三方机构作为评价主体,在一定程度上保障了整个评价评定过程和结果的公平性,但是在实践中第三方的评价作用并没有充分发挥。一方面,第三方机构是省体育局直接委托、单方面决定的,所以评价主体的专业性很难判断;并且评价主体只参与结果的评估,没有参与指标体系的采集和制定,忽视了评估的过程。另外,我们知道公共服务的指标体系应要包括效率指标、质量指标、满意度指标和公平指标四个维度,但通过分析江苏省公共体育服务体系示范区指标体系可以看出,其评价内容重效益、轻效果,整个评定过程呈现封闭性,缺乏公开性和透明性。

二、我国公共体育服务绩效考核的优化路径选择

公共体育服务绩效评价机制是指建立公共体育服务评价运行模式、评价反馈机制,对公共体育服务部门组织工作效率、能力的一种评价保障体系,为实现科学、有效的落实绩效评价理念、绩效评价机制提供了有力的组织保障。① 所以就如何构建绩效考核机制提出了以下几点建议。

---

① 张凤彪,王松. 我国公共体育服务绩效评价研究述评 [J]. 体育科学,2017, 37(4): 62-73.

（一）兼顾效率与公平的绩效考核价值取向

效率与公平一直是我国绩效评估坚持的价值取向，就我国现行公共体育服务绩效考核机制而言，我国更重视绩效考核的效率性而忽视公平性。为了使效率与公平有机地结合起来，应该加快绩效考核机制的公平性建设。首先，要树立正确的绩效评价观念，通过正确引导促进公共部门工作人员绩效观的转变，保证评估结果的公平、公正，而非一味追求漂亮的评分。其次，在选择评价主体时，要注重主体的独立性，尽量选择与自身利益不相关的主体，在选择公民代表时要保证所选公民具有代表性。对绩效评估本身，应提升对评估前期、评估过程的关注，不能只重视评估结果，三个阶段形成一个动态循环的过程，从而保证绩效评估的公平性。最后，制定绩效指标时，应坚持效率与公平并存的原则，尽量避免权重设置偏失。

（二）建立多元主体参与的绩效考核机制

在评价系统中评价主体占有重要地位，建立多元化的评价主体才能有效保障绩效考核整个过程和结果的科学性和客观性。评价主体分为内部评价主体和外部评价主体。内部评价主体主要由政府内部上级领导部门、同级部门及组织自身构成。上级领导部门可以利用行政管理的优势最大化掌握评估对象的数据信息，同级部门可以作为上级部门的补充，在不涉及本部门利益的情况下对评估对象进行客观评价，组织自身则是最了解整个公共体育服务的执行情况的，其评价的结果具有较高的可信度。外部评价主体可以由专家组织、公民代表和独立第三方机构构成。多元化的评价主体既能保证绩效评价的科学性，又能保证绩效评价满足公众需要的价值取向。

（三）制定科学、动态的绩效指标体系

绩效指标的制定一般由政府主导，具有政策性强、注重社会效益等优势，但从制定群体层面来说，主体过于单一，应在一定程度上加强主体的多元化，专家和公众参与指标的制定，有利于进一步提升绩效指标的科学性和公平性。从内容来说，绩效评价指标应具有很强的目的性和针对性，不同发展地区、不同经济层次制定的绩效指标必然不同，因此还要保障绩效指标具有可行性。合理设定各个指标的权重，除了考虑利润、效率、效果指标，还必须考虑社会公平和公众满意度。从绩效指标的运用来说，需要建立相应的反馈机制，便于及时修改，保证绩效指标的动态性和灵活性。

（四）完善制度化、标准化的评估程序

建立并完善制度化的评估程序首先要规范评估流程，确定相关人员，明确具体任务，这样才能使整个评估程序受到制度约束。完善责任追究机制和申诉机制，确保"谁实施，谁负责"，保障整个评估程序可以顺利进行。提升评估流程标准化，确定绩效目标标准、评价主体标准、绩效指标权重标准，这样才能为每一个环节找到适配的评估方式，对于偏离标准的部分才能有用以对标的样本，有利于监督与评估绩效评价的全部环节。

第三节　公共体育服务体系的整体性问题：科学及其长效发展机制

公共体育服务体系的整体性是指公共体育服务体系是一个有序的系统组合，应着眼于公共体育服务的运筹和运作。"协调发展"是在《体育发展"十三五"规划》中提出的体育发展五条基本理念之一，要求不断增强各项体育工作的系统性和协同性。将这一科学理念运用到公共体育服务体系的构建当中，有利于解决我国公共体育服务体系碎片化、分散性问题。

一、公共体育服务整体性发展问题及其原因

（一）政府内部的分散化

从政府内部主体分析，政府部门的分散主要体现在纵向不同层级政府部门之间的财权和事权分散，横向同级的不同部门之间的资源分散。相关研究表明，中央政府集中了50%~60%的财政收入，但只承担了25%~30%的支出责任；地方政府仅占有40%~50%的财政收入，却要承担70%~75%的支出责任。① 这是由于我国"职责同构"的问题仍然存在，体育行政机构中不同层级政府在纵向上的职能、职责和机构设置基本相同，容易出现责权边界不清、权限模糊的问

---

① 李伟，燕星池. 完善财政转移支付制度 促进基本公共服务均等化 [J]. 经济纵横，2014（2）：17-21.

题,难以保障公共体育服务的供给效率。同级不同部门之间缺乏跨部门协同机制,提供公共体育服务的过程中,由于各个部门缺乏沟通和合作,无法合理配置资源,最终导致公共体育服务体系的分散化。

(二) 政府外部的碎片化

从政府外部主体分析,社会组织之间,以及政府部门与社会组织之间碎片化特征明显。我国体育社会组织目前处于数量少、对政府资金依赖过大的状态,没有做到很好地与其他行业的社会组织协调合作,难以扩充资金来源。体育社会组织的碎片化是因为大多数体育社会组织是官办属性,领导者是政府人员,体育社会组织的独立性差,市场性不足,难以独立发展。体育社会组织的优势是易于接近公民,可以更好地了解广大人民群众的体育需求、代表民意,政府部门应该积极与体育社会组织进行信息互换、沟通合作。但是,在整个公共体育服务体系中,供给主体只有在公共体育服务投入和产出时合作较多,主要集中在政府向体育社会组织购买公共体育服务这一过程中,而在监督、评价的过程中合作较少。由此可见,政府部门缺少协同合作的主观意识和协同合作的机制。

二、公共体育服务长效发展机制优化研究

(一) 加强政府部门内部协同机制建设

政府是公共体育服务的领导者,各个部门要明确各自的职能,划清职权界限,避免职权重叠,以便将政府职能进行

整合，形成一个优化的整体。中央体育行政部门掌握着大量的财政资源，地方政府掌握着各自地区公民的体育需求，只有上下级体育行政部门跨界协调合作，才能提供以公民需求为价值导向的公共体育服务。横向的体育行政部门之间也要建立跨部门合作协同机制，各部门可以通过信息和资源的整合，有效完成公共体育服务任务。同时，政府内部可以建立责任承担制度，避免责任在上下级转移或是部门间相互转移。

（二）强化外部多元主体协调合作机制

我国公共体育服务体系建设一直强调形成体育行政部门、体育非政府组织和企业等多元主体，建立多元主体合作机制，将各个主体之间的资源优势发挥到最大化。一方面，社会组织可以弥补政府的资源不足，有效监督和评价政府的行政过程；另一方面，政府可以为社会组织创造机会、独立发展。通过构建法律法规和鼓励政策，将合作的激励机制运用到强化外部协调的多元主体合作机制构建上，这有利于公共体育服务体系内部和外部主体的相互合作。

（三）构建公共体育服务的信息交流平台

信息交流、资源共享是建立公共体育服务体系整体性的长效机制的一个重要手段，无论是内部跨部门合作还是外部协调合作，都需要以互换信息作为基础。各级政府之间可以成立信息交流小组，定期汇报各级政府或各个部门的发展情况，随时掌握公共体育服务的最新走向；还可以建立公共体育服务网络信息交流平台，让社会组织及公民了解公共体育服务动态信息，提出合理建议，为政府决策提供科学有效的支撑，让整个公共体育服务建设形成一个整体动态的循环过程。

本 章 小 结

通过对公共体育服务均等化机制、公共体育服务绩效考核机制以及公共体育服务科学长效机制进行研究，为我国公共体育服务体系的公共性、效能性和整体性研究提供了有效保障。首先，以公共体育服务的公共性为价值导向，从公共财政、多元主体、标准、法治保障与反馈和回应五个角度建立我国公共体育服务均等化机制，维护公民公共利益。其次，加大公民参与力度、畅通公民的需求反馈机制，建立公平和效率并存的绩效考核机制，提高政府的工作效率，治理公共体育服务的效能性问题，从而达到普遍均等、惠及全民的目的。最后，通过政府的内部整合模式解决公共体育服务体系的分散化问题，各部门跨界合作，形成一个优化的整体；通过社会外部协调模式解决公共体育服务体系的碎片化问题，建立信息交流平台，有利于推动政府和社会组织之间的相互合作，共同促进公共体育服务体系的建设和发展。

第四章 我国公共体育服务体系的模式选择与机制建设

2009年，国务院办公厅下发的《国家体育总局主要职责内设机构和人员编制规定》（国办发〔2009〕23号）职责调整部分提到，要"加强体育公共服务，促进多元化体育服务体系建设，推动全民健身的职责"。"公共体育服务体系"作为一个正式的、官方的概念提出，是我国体育理论与实践界努力的成果，更是对中华人民共和国成立以来我国体育事业重点、难点的高度概括。十八届三中全会强调，要推进基本公共服务均等化，加快形成科学有效的社会治理体制。2013年12月，国家体育总局和江苏省政府共同签署《建设公共体育服务体系示范区合作协议》，探索建立城乡一体、普惠均等的公共体育服务体系，并积极探讨政府购买公共体育服务的实践经验。2016年，上海市发布《2016年上海市全民健身发展报告》，将反映保障和改善民生、与市民体育生活密切相关的健身环境、运动参与和体质健康作为评判全民健身发展状况的重要指标，并将促进全民健身的各种要素充实完善，相互推动，相互促进。这些为我国公共体育服务体系的模式选择和机制建设提供了实践经验。

我国体育体制目前仍然处于制度设计的机构运行阶段，而不是功能运行阶段，必须加强模式和运行机制的研究，促进公共体育服务体系和谐、高效运转。公共体育服务体系是指为公民及其组织提供基本且有保障的公共体育服务而建立的一系列有关服务内容、服务形式、服务机制与服务政策等的制度安排。① 深入研究公共体育服务体系，可以从具体实践中发现普遍规律，提出符合实际的模式以及有针对性和可操作性较强的解决方案，逐步建立和完善符合中国国情、符合市场经济规律、符合体育自身发展要求的公共体育服务体系，进一步增强工作的前瞻性和科学性。同时，公共体育服务体系建设作为一项长期复杂的社会系统工程，其结构组成与功能定位仍然是需要科学明确的重要问题。公共体育服务是公共服务在体育领域的拓展，指满足公共体育需求所承担的服务职能，公共体育产品、公共体育设施等是服务职能的体现。但是公共体育服务不能仅仅局限于提供公共体育产品，政府还要转变职能，从公共体育服务体系的过程结构和功能定位入手，对现阶段公共体育服务体系结构和功能定位以及供给主体各自的定位进行分析研究。本章通过概念、推理、分析、综合等思维形式，提出了需求体系、供给体系、保障体系与评价体系相结合的过程结构，并综合分析了创新

---

① 王家宏.我国公共体育服务体系的内涵、特征与价值取向［J］.成都体育学院学报，2014，40（1）：7-11.

服务、资源整合和激励约束等功能,进而分析了政府机构、市场、社会组织以及相关科研机构与高等院校在公共体育服务体系中的功能关系。如果公共体育服务体系功能定位不准、目标不明、对策不具体,就会导致公共体育服务体系功能低效,达不到应有的效果,其职能就不能得到很好的体现。通过梳理公共体育服务体系的过程结构,明确其功能定位,公共体育服务体系才能与时俱进,形成一个结构与功能并重的和谐统一体。这对于把握和认识体系,促进体育资源的合理配置,满足人民群众日益增长的公共体育服务需求,切实保障和维护公众的体育权利有着重要意义。

第一节　我国公共体育服务体系的过程结构

目前,国内学术界对公共体育服务体系的结构组成还未形成统一的意见。著名质量管理专家戴明提出"质量环"模型,阐释了通过计划、实施、检查、改进螺旋上升的模式提升质量控制水平的理论。"质量环"主要包括:① 计划——做什么,何时做,谁来做,怎样做以及用什么来做?② 实施——计划性活动得到实施;③ 检查——确定活动是否达到了预期的效果;④ 改进——根据检查中收集的信息对计划进行调整。所谓"质量环",就是对产品或者服务形成的流程和规律的描述,也指包含在从识别需要到评定这些需要是否得到满足的各阶段中,影响质量的相互作用活动的概念模式。公共服务质量环作为一个不断循环的封闭的环,涵盖了自公共服务的需要和期望，至最终满足需要和期望的各个阶段，是对公共服务产生、形成和实现过程的抽象描述、理论提炼和系统概括。公共体育服务作为公共服务的一种，其基本过程的构成与一般服务过程不存在本质上的差异。这样一个"质量—过程"的理论模型，对公共体育服务过程进行了全面准确的反映，从本质上揭示了公共体育服务质量的规律。

公共体育服务体系的整体设计，就是运用结构化思想进行系统结构分析和构造，自上而下、划分模块、逐步求精、找出系统的组成要素，按照体系构造要求形成结构。根据公共服务质量环，公共体育服务体系制度设计是一个严密完整的链状结构，涉及公共体育服务体系各个方面和所有重大问题，从"群众体育需求和基本体育权益研究"开始，以及如何供给与如何保障公共体育服务，提供更好的公共体育服务，到"公共体育服务评价考核体系研究"结束，各部分环环相扣、关联密切，具有严密的逻辑性和完整性。因此，公共体育服务体系是一个关乎公共体育服务的需求、产生、形成与实现的完整过程。这个过程是由按照一定逻辑顺序进行的一系列活动构成的，提高公共体育服务的质量就是提高这个过程的质量。公共体育服务可以分为四个前后贯通的部分和过程，包括公共体育服务需求、公共体育服务供给、公共体育服务保障、公共体育服务评价等，并形成了公共体育服务体系的过程结构。（图4-1）

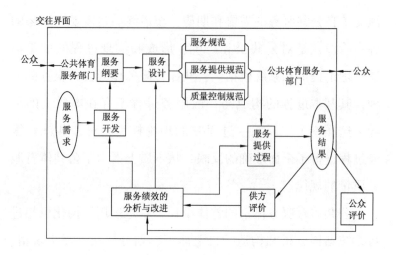

图 4-1　公共体育服务质量环

一、我国公共体育服务需求体系

公共需要不是全社会个人需要的简单相加，而是一般社会需要的抽象，是维持社会存在和社会发展正常运行的基础条件。① 公共体育服务需求是公共需要的一个重要组成部分，它是"人类社会共同体对公共产品与服务的共同需要"②。公共体育服务需求存在异质性，即在同质公共体育服务需求的基础上，基于年龄、社会地位及收入等差异而存在于不同群体之间的有差别的需求。长期以来，我国实行"自上而下"的管理体制，政府管理者以自己的主观意愿去

---

　① 孙晓莉. 中外公共服务体制比较 [M]. 北京：国家行政学院出版社，2007：3.
　② 李军鹏. 公共服务学——政府公共服务的理论与实践 [M]. 北京：国家行政学院出版社，2007：8.

想象公众的公共体育服务需求,从而使供给与切实需求存在偏差,造成资源的严重浪费。而政府在公共体育产品决策机制上的"缺位""越位"还导致公共体育产品供给结构上的失衡。随着公共管理的改革以及"以人为本"理念的影响,"以公民为导向"的公共体育服务体制逐渐建立,即公共体育服务的提供转变为由公民和社会所支配。

公民体育权利的实现是我国公共体育服务需求体系框架结构功能的支撑点,并进而成为政策层面的命题。"十二五"时期是我国全面建设小康社会的关键时期,这阶段我国公共需求逐渐由消费型向发展型升级。全面建设小康社会的重点是满足社会公共需求,而公共需求更多的是以公民权利的方式得到法律上的确认,这也反映出公共体育需求的一个重要特征,就是公共体育需求很大程度上是在反馈当中生成的,在充分表达和社会协商中确定的。尊重公民的体育权利,首先就要尊重他们体育需求的表达权和公共决策的参与权。在市场经济体制下,公共体育服务供给要充分考虑公众对公共体育服务的需求状况,否则就无法达到服务的最优供给。需求表达被看作是公民参与政治或管理的逻辑起点。只有通过公众参与,让公民的需求得到充分的表达,政府提供公共服务的逻辑起点才能回归正常。① 在公共服务领域,所谓需求表达机制是指在一定的政治框架下,不同需求主体通过一定的渠道直接或间接地向政府提出自己的需求,通过相

---

① 陈国权,张岚.从政府供给到公共需求——公共服务的导向问题研究[J].人民论坛,2010(2):32-33.

互博弈最终影响政策，使需求得以满足的过程。公共体育服务机构通过社会调查，倾听公众的意见，建立明确的公共体育服务标准，向公众承诺，根据公众的意见完善公共体育服务的内容和服务方式，使得公众真正处在公共体育服务的中心地位。公众参与作为推动政府公共体育服务向公共需求导向转变的关键，从政府层面来讲，不仅需要扩大公民参与渠道，加强制度建设，确保在政府服务过程中的各方面、各环节均有规范化的公民参与途径，还要加强对政府公务人员的道德教育，增强政府的责任意识，提高对公民参与的回应性，以保证公民参与的实现，而对于公民来讲，主要强化自身素质，培养参与能力，增强权利意识，培养责任感。

二、我国公共体育服务供给体系

在传统的计划经济体制下，公共体育服务供给的有效性主要通过行政系统内部自上而下的管理，以行政命令为基本特征的行政管理得以实现。改革开放以来，公共体育服务消费超额性的存在，使得公众愿意通过市场购买公共服务，也促使营利组织愿意提供公共体育服务，实现应有的利润。当然，政府通过税收优惠等诱导性政策激励企业对公共体育服务有效供给，提高了公共体育服务市场供给的积极性。但是，市场供给在追求利润最大化的同时，效率与公平无法兼顾。市场失灵与政府失灵使得社会组织（志愿组织）在参与公共服务的提供上能够弥补市场和政府的不足。志愿组织主要依赖政府委托和政策优惠、企业组织及个人的资金资助为社会提供公共体育服务。当然，基于志愿组织存在着"志愿失灵"的情况，打破了以往对志愿组织肯定的万能神话。志愿组织的"组织行为偏离志愿性公益机制，而出现资源配置的低效或价值取向的非公共性现象，从而在满足社会多元化需要、提供公共产品和服务上，产生功能性和效率上的缺陷"①。

公共服务是一个复杂性系统，其复杂性来源于自身结构、参与方关系、供给方式和所处的社会环境的复杂性。基于这种复杂性，公共服务供给中往往存在着各种不同机制的混合。② 公共体育服务供给体系不仅需要立足于公众的基本体育权益和公共体育服务需求组织好公共体育服务的生产；还需要根据供给对象的需求特点和行为方式特点，选择合适的途径和方式实现公共体育服务的最优供给。因此，体现效率与公平的公共体育服务供给体系必将成为新时期我国构建和谐体育的重要内容。随着经济领域和社会领域自组织力量的发展，公共体育服务供给过程演变成为由政府、市场与社会组织等不同角色所组成的复杂合作网络的过程。任何一种供给主体都无法完全准确地反映公众需要偏好和现实的利益诉求，会因其自身的价值判断而造成供给结果与需求目标的不一致。政府应着力构建公共体育产品供给多元主体之间的对话合作机制，促进权力分享，建立起共同承担风险的公共

---

① 顾顺晓.非政府组织失灵的机理探究及其矫治[J].理论与改革，2007(1)：47-49.

② 郁建兴，吴玉霞.公共服务供给机制创新：一个新的分析框架[J].学术月刊，2009，41（12）：12-18.

体育服务供给联合体；政府应建立机制提高私人部门的社会声誉、加大政府补偿力度、对社会组织提供财政资金支持等，激励其参与公共体育服务供给，满足公众利益；进一步完善公共体育服务的市场价格形成机制，约束各主体市场利益最大化的冲动，保证每个公民公平享有权利。

三、我国公共体育服务保障体系

（一）组织保障体系

基于公共体育服务的复杂性，公共体育服务组织保障体系的实质就是组织结构重新设计的过程，是把组织的任务、责任、权力和利益进行有效组合和协调的活动，旨在形成合理的公共服务组织结构，实现组织目标，为公共体育服务组织的生存与发展奠定坚实的基础。公共体育服务组织结构具有一定的复杂性，基本可以从三个方面衡量：横向、纵向和空间。横向的复杂性是横向跨越组织的部门的数量；纵向的复杂性是指层级的数量；空间的复杂性是指组织结构要素在地理位置上分布的数量。因此，公共体育服务组织保障体系除了具有纵轴结构与横轴结构外，还应具有空间轴结构，即政府组织、私人组织以及各种公共体育服务机构在地理位置上分布形成的空间轴结构。

（二）政策法规保障体系

目前，我国存在着由法律、法规和部门规章条例三个层次组成的政策法规体系。在推进公共体育服务均等化的进程中，在法律体系建设上，要从纵向层次上尽快整合政策、法规,清理不符合公共体育服务均等化原则的政策、法规,将较为成熟的政策、法规通过全国人民代表大会立法的途径上升为基本法律,提高其权威性、统一性。公共体育服务社会化改革要制定和实施有关的法规和政策,对私营部门的投资权、经营权和收益权进行界定和保护,提供制度激励。公共服务市场化的法治建设,首先要从过去强调"管制"向维护市场平等权利转变,使政府成为创造良好环境的主体;其次要从"允许"性规定向"禁止"性规定转变;最后要从主要依靠行政性规章和文件向依据法律授权转变,从"权利本位"向"责任本位"转变。①

(三) 财政保障体系

目前,行政化的资金拨付和使用方式使得公共体育服务财政资金的使用缺少决策的科学性。因此,要改变现状:一是加快建设公共服务型政府,增强公民对有关公共体育服务供给过程的参与性,完善各级政府之间财权、事权的合理划分,消除财权、事权配置不对称对公益性体育事业发展的消极影响。二是完善财政政策,逐步增加国家财政投资规模,引入社会资本,形成政府供给为主与民间资本广泛参与的供给机制。三是改革和完善财政体制,壮大地方税务体系,规范财政收入渠道,增强各级政府提供公共体育服务的能力;进一步明确中央与地方的事权,健全财力与事权相匹配的财税体制;完善与规范中央财政对地方的转移支付制度,提高

---

① 张顶浩. 公共服务市场化中的政府责任 [J]. 理论导刊, 2012 (2): 26-28.

财力性转移支付的比例,实行纵向转移与横向转移相结合的模式。四是推进城乡公共体育服务均等化的财政制度,建立财政投入增长机制。

(四) 信息保障体系

信息保障体系通过信息资源的收集、整理、存储、开发和利用,以满足社会对信息资源的需求。公共体育服务信息保障体系,首先需要明确信息机构的定位与机构之间的关系、各自的运行基础、资源和服务对象。其次应该根据公共体育资源共建共享的原则,致力于信息资源的专业化、特色化建设,建立跨系统、跨部门的信息工作协调机构,实现各个层次上组织与协调信息资源的共建与共享。再次应该在为用户确保正式交流渠道畅通的同时,努力疏通和拓宽其他信息交流渠道,开发和利用知识创新信息,建立多渠道信息沟通网,加强体育服务信息化建设。最后需要制定信息资源开发与服务等相关权益的保护法律、法规,建立可操作性的信息服务权益监督体制,保护信息服务的经营权、竞争权、开发权和产权,以此提高整个信息权益保护的自觉性,防止侵权行为的发生。

(五) 健康保障体系

从广义上讲,健康保障的目标是维护和提高公民健康水平,其内涵包括疾病预防、健康促进等,而不仅仅是医疗。[①] 对于公共体育服务而言,健康保障体系的完善需要强

---

① 胡琳琳,胡鞍钢. 中国如何构建老年健康保障体系 [J]. 南京大学学报,2008 (6):22-29.

化公共体育设施管理,促进体育健身活动日常化、生活化,形式多样化且项目创新化,能够兼顾不同人群,吸引国民参与。目前,我国体育健身与体质健康问题还未得到广泛关注,国民体质监测更是不被公众所知,所以,要充分利用各种传统的和现代的媒体手段,强化宣传,将改善国民的体育锻炼与体质健康观念作为健康保障的首要任务。在健身指导服务方面,要加强体育健身咨询、体育健康促进教育和科学健身指导工作,推行公益性和职业性社会体育指导员制度;加强社会体育指导员培训,实行分类指导和体育教学服务;加强国民体质研究和体质监测服务,建立国民体质监测服务系统,形成国民体质监测的预警机制,实施体质监控和追踪研究,定期公布体质监测结果,引导国民关注体质和健身。① 同时,人们可以根据监测结果有针对性地选择一些有效的健身方式和方法,提高自身的健康水平。

四、我国公共体育服务评价体系

公共体育服务评价的实质就是绩效评价。绩效评价作为一种全面质量管理的工具,基本目的在于回答组织或个人是如何行动的,是否实现了既定目标,接受服务的对象的满意度如何,整个行动是否处于有效的控制之中,以及在哪些地方需要进一步改进等基本问题。② 当然,公共体育服务绩效

---

① 张海连,刘红建.国民体质健康服务体系的结构及运行机制[J].体育成人教育学刊,2011,27(5):52-53.
② 陈昌盛,蔡跃洲.中国政府公共服务:体制变迁与地区综合评估[M].北京:中国社会科学出版社,2007:3.

评价应从法律上承认并保障评价机构在进行公共体育服务评价时不受任何组织或个人的干扰和影响，确保整个评价工作在法律制度化框架内运行，① 并在公平与效率价值准则之上，使用最有效率的方式去追求公平。具体来说，需要明确和处理好以下几个问题。

（一）公共体育服务绩效评价的内容：评价什么

绩效不仅是对结果的衡量，还是对过程提供方的努力程度和接受方满足程度的衡量。所以，绩效是一个综合性的范畴，包含"过程"和"结果"双重内涵，即过程产生结果，结果反映过程。因此，公共服务绩效评价是公共服务评价主体按照一定的政策，并使用一定的评价技术方法，对公共服务生产者所供给的公共服务的数量、质量、效率、公平性、满意度等方面的评价。② 而对于公共体育服务来说，绩效评价的对象是公共体育服务的提供者及产品：就过程来说，包括投入是否满足经济性要求，过程是否规范和合理；就行为结果而言，包括产出与投入是否成正比，行为的结果是否达到预期的目标。因此，对公共体育服务绩效的评价不仅要考虑投入、产出的效率，同时要考虑效果、公平性，尤其是公众的满意度。

（二）公共体育服务绩效评价的主体：谁来评价

"谁来评价"涉及公共体育服务绩效评价主体选择的问

---

① 樊继达. 建立以结果为导向的公共服务评价体系 [N]. 学习时报，2007-04-23.

② 曹爱军，杨平. 公共文化服务的理论与实践 [M]. 北京：科学出版社，2010：145.

题。公共体育服务评价主体的构建是评价的重中之重,关系到公共体育服务评价的合法性和有效性。我国公共体育服务绩效评价主体包括内部评价主体和外部评价主体。内部评价主体包括传统的上级领导部门和组织人事部门,也包括内部的广大员工和其他相关部门;外部评价主体则包括各种社会团体、专业人士、新闻媒体以及更加广泛的公民社会。目前,我国公共体育服务评价过程中仍存在着单向性和不平衡性等问题,多重视政府等内部主体的评价,而相对忽视社会公众等外部主体的参与。在实践中,多元化的评价主体,特别是外部评价主体的作用并没有得到充分的认识。因此,在政府组织日趋互动和开放的形势下,适时引入多元化的评价主体,尤其是外部评价主体,无疑对完善公共体育服务绩效评价体系有着积极的作用。

(三) 公共体育服务绩效评价的方式和方法:如何评价

"如何评价"是关于公共体育服务绩效评价中如何确立衡量标准和综合使用评价方法的问题。根据绩效评价的性质,公共体育绩效评价的方式可以分为定性评价和定量评价。定性评价是指评价中心对公共体育服务绩效进行质的鉴别和等级确定,主要通过评审的方法进行。因为定性评价建立在评价主体主观印象和经验基础之上,易受到评审者主观因素和外界因素的影响和干扰。定量评价是指对公共体育服务进行量的鉴别和等级确定,主要是在测量的基础上,运用统计和数学的方法对所得出的数据进行整理和分析。因此,公共体育服务绩效评价要坚持定性分析和定量分析相结合,单纯的定性分析容易产生偏差,而单纯的定量分析无法为改进公共服务提供有效的评价意见。① 同时,公共体育服务绩效评价指标体系的合理、科学与否决定着绩效评价的水平和质量的高低,需要设立一套科学的公共体育服务评价模型,合理设计评价指标和权重,注重评价的可操作性,并不断地对绩效评价指标体系进行修正、完善。

第二节 我国公共体育服务体系的功能定位

《辞海》对于"功能"的解释是"有特定结构的事物或系统在内部和外部的联系和关系中表现出来的特性和能力"。功能概念在社会学中得到了广泛的应用,并形成了"功能主义社会学"。在社会体系的构成要素中,把比较恒常的要素状态和要素间的关系,称为这种体系的结构;把构成要素的作用对其他结构要素和上级或下级体系所产生的正负影响或正负结果,称为这种体系的功能。公共体育服务体系的功能是公共体育服务体系构建的硬约束,并与体系的价值指向息息相关。

一、公共体育服务体系的功能定位

公共体育服务体系的功能定位主要是明确体系"做什么"的问题,体现了总体功能目标及开展的主要功能内容。

---

① 樊继达. 建立以结果为导向的公共服务评价体系 [N]. 学习时报,2007-04-23.

因此，功能定位是否合理关系到公共体育服务活动能否顺利开展。

（一）创新服务功能

正确的导向确定了整个公共体育服务体系运行的发展方向和目标，而"以公众为导向"则是公共体育服务体系科学发展的必然选择。构建公共体育服务体系的核心是确保"公共服务均等化"，即公民都应拥有平等获得公共体育服务功能的权利，目的主要是能够将服务共享功能的覆盖范围进一步延伸。这需要扩大政府决策的公众参与度，即"提供什么"和"如何提供"需要依据公众意见进行。创新服务功能在结构优化方面的目标则是公民共享公共体育服务的满意程度，即对结果的目标定位就是全体公民对服务广泛化的满意。公共体育服务的成效集中体现在服务的有效性，有效的服务集中体现了公民满意的评价。并且，公共体育服务的本质是以民为本，实现公共体育服务供给方式和手段的创新和再造。这需要基于市场经济发展的要求引入市场竞争机制，营造并发展政府与社会、各级政府与地方政府间公共体育服务的协作机制，进一步完善政府在公共体育服务提供过程中的责任机制。最后，以稳定的法治环境为基础优化公共体育服务体系的服务功能，这是实现和创新服务功能极为关键的先决条件之一。所以，国家应通过严格的立法和执法程序，规定每一位公民享有公共体育服务的权利，使公民体育权利合法化、公开化和制度化。

(二）资源整合功能

公共体育服务资源整合就是要优化资源配置，实现整体的最优，即达到配置的帕累托效率和有效公平两个目标，并最大限度地满足公众的公共体育服务需求。总体而言，公共体育服务资源整合就是推动公共体育资源的社会化、市场化及民主化进程，进一步健全和完善"政府推动、市场拉动、部门联动、城乡互动、典型带动、全民齐动"的运行机制，积极整合政府的政策资源和经费资源，落实公共体育服务的"科学发展观"，实现亲民、便民、惠民、利民的总体要求。具体来说，首先，通过建立资源共享机制，强化对体育系统内部场馆资源和社会学校场馆资源的整合，满足人民群众健身锻炼的需求。其次，加大地方财政在公共体育资源配置过程中的投入比例，提高供给效率，使其能够提供符合当地居民需要的公共体育服务。再次，公共体育服务体系制定鼓励公民参与社会体育指导员队伍的相关制度建设，并使之制度化和常规化。最后，重视公共体育服务工作者素质的培养和提高，注重调动人的工作积极性，发挥人的潜力。

（三）激励约束功能

从总体上来看，公共体育服务体系的激励约束功能不仅体现为促进公共体育服务提供数量与质量的快速发展，还与需求的发展变化实现了有机对接，在为决策者提供参考的同时，也将评价结果反馈给了被评价对象，使其明确工作中的长处和短处。正面的评价结果可以激发被评价者的主动性，以更高的效率努力工作；负面的评价结果可以促使被评价者警醒,从而进行改进。

公共体育服务体系通过政策导向,激励各种供给主体积极主动地依法行使其权利,在法律允许的范围内获得与之相关的最大收益。将禁止性和允许性条款规定相结合,充分发挥其激励与约束功能,为公共体育服务的快速发展提供有效调控和保障。在财政激励约束方面,应依据绩效综合评价结果对提供主体的支持力度进行权衡,做到奖惩结合,发挥正向激励与逆向约束的作用,并可以在提供公共体育服务中采取税收优惠、政府采购、财政贴息等手段鼓励社会主体积极参与。

二、公共体育服务供给主体间的功能关系

结构功能主义代表 T. 帕森斯在《社会系统》中提出"AGIL"分析框架,认为社会系统的结构是适应功能需要而产生的,并将社会系统划分为经济系统、政治系统、社会系统和文化系统四个子系统,它们分别对应着"适应"(Adaptation)功能、"目标实现"(Goal Attainment)功能、"整合"(Integration)功能与"潜在模式维系"(Latency Pattern Maintenance)功能,各子系统之间相互依存、相互影响,共同维持系统的运行,这为明确公共体育服务体系各供给主体的功能及其相互关系提供了借鉴。

如何满足公共需要和提供公共服务,既是一个如何调节社会资源配置的过程,又是一个如何发挥社会多元主体功能的过程。目前,我国公共体育服务供给主体主要包括政府机构、市场、社会组织以及相关科研机构与高等院校等。在公共体育服务体系内部，各供给主体依靠其自身所具备的资源优势而分别承担着不同的功能分工，进而演化为公共体育服务体系的系列功能，具体表现为：① 政府机构。政府机构在目标制定、政策引导、规划布局、战略研究等方面引导着公共体育服务体系的发展方向和服务开展的重点领域，并凭借其权力与权威，对体系内部的各种供给主体及其行为进行管理控制和组织协调，在资源配置、结构优化和维持体系运转以及信息、技术、资金等公益性服务项目中发挥着引领、推动作用。因此，政府机构主要承担着目标达成功能。② 市场。市场在资本积累、管理运行效率和交易成本方面具备天然优势，能够在政府无法有效进入的市场领域实现生产要素的优化配置，使其在适应外部市场与社会环境变化方面最为迅速，可以最先做出调整和变化。因此，市场主要发挥着适应功能。③ 社会组织。通过调研等方式，汇集社区居民的多元体育需求，实现对公众需求的确认，并协调需求、资源与供给之间的平衡，进而实现需求整合、组织整合与系统整合的统一。因此，社会组织主要承担着整合功能。④ 相关科研机构与高等院校。体育科研机构与高等院校属于政府和市场之间的一种组织形态，具有一定的公共责任，不仅承担着部分公益性公共体育服务的供给功能，还通过体育理论及相关科学技术、培训与推广研究，维持着公共体育服务体系的有效运行，使得体系不至于受到供给主体更替的影响。因此，其主要发挥着维系模式的功能。

第三节　我国公共体育服务体系的模式选择

2012年，党的十八大首次提出"基本公共服务均等化"的要求，强调"加快形成政府主导、覆盖城乡、可持续的基本公共服务体系"。2012年7月，《国家基本公共服务体系"十二五"规划》强调创新基本公共服务供给方式，引入竞争机制，积极采取购买服务等方式，形成多元参与、公平竞争的格局，不断提高基本公共服务的质量和效率。

1949—1978年，我国的一切社会资源分配、一切活动的开展都是在政府的指挥下，按其规划目标安排，将社会强行纳入预设的计划体系，而担负增强国民体质、为国争光的体育也不例外。1998年，国务院颁布了《事业单位登记管理暂行规定》和《民办非企业单位登记管理暂行规定》，公共事业领域由政府部门全包的意识得以改变，非国家机构和非国有经费进入事业领域，公共服务融资渠道日益多元化，市场主体、社会主体与公众个人等主体也得以融入其中。现阶段，兼顾公平和效率的包容型模式成为我国公共体育服务体系发展的现实选择，该模式具有以下三个方面的实质性内核。

一、"公共财政为主、社会资金参与"的公共体育服务支出模式

目前，我国公共体育服务体系建设的重要财政资源仍然

是公共财政投入。根据体育总局和各省用于全民健身的经费统计，2013年全国用于全民健身的经费共计197.59亿元，其中场地设施经费147.24亿元，组织建设经费8.38亿元，开展活动经费33.27亿元，科研和宣传及其他经费8.70亿元。从中央财政投入（体育总局本级）情况来看，2013年用于全民健身的经费为20亿元，比2012年的16.21亿元增长了23.38%，其中财政拨款0.32亿元；彩票公益金19.68亿元，比2012年的15.89亿元增长了23.85%。而从地方财政投入（地方体育部门）情况来看，2013年全国地方用于全民健身的经费为170.21亿元，比2012年的90.1亿元增长了88.91%，其中财政拨款105.72亿元，比2012年的36.2亿元增长了192.04%；彩票公益金64.49亿元，比2012年的53.9亿元增长了19.65%。① 由此可以看出，公共财政投入力度逐步增大的同时，公共财政预算用于全民健身事业的比例还相对较低。

我国公共体育服务的资金来源渠道相对比较单一。因此，首先，需要树立公共财政的理念，转变公共财政投资机制，以公共财政投资为主要渠道，加大各级政府公共财政在全民健身的支出比例，落实彩票公益金用于开展全民健身事业的经费比例，提高各级政府公共体育服务水平。其次，综合运用多种投资工具和多种形式的财税优惠政策，完善公共财政的支出结构，推进公共财政投入机制的制度建设，支

---

① 刘国永，杨桦. 中国群众体育发展报告 [M]. 北京：社会科学文献出版社，2014：4-5.

持、鼓励、调动社会体育组织、企业参与公益性公共体育服务建设，充分发挥社会资源的作用，广泛吸引社会资本和产业资本进入公共体育服务领域。具体来说，需要利用市场机制改革公共体育服务的资金投入和运行方式，采用政府采购、委托生产、特许经营、服务外包等方式，提高公共财政的投资效益。再次，修改并完善相应的法律法规，降低准入门槛，扩大准入范围，逐步扩大公益性体育活动社会化运作的范围。最后，将重大的公益性体育项目通过信息发布、接受申请、资格认定、专家评审、授权实施和监督审计等一系列规范的程序，交由符合条件的企业、事业单位、社会团体和民间组织来承办；鼓励支持社会力量兴办各类公益性体育设施，支持有条件的企业、社会组织建设公益性体育设施，对社会免费或优惠开放，提供公益性的体育服务。

二、"广覆盖、适度水平、兼顾公平与效率"的公共体育服务消费模式

公共体育服务消费模式按照公共体育服务受益者及受益方式的不同进行划分。由于受到公共支出总量和公共支出结构的限制，西方发达国家高水平的公共体育服务消费模式不太符合我国实际，而"广覆盖、适度水平、兼顾公平与效率"的公共体育服务消费模式则成为我国的现实选择。2009年、2011年国务院分别颁布了《全民健身条例》和《全民健身计划（2011—2015年）》，其中《全民健身条例》明确要求："县级以上地方人民政府应当将全民健身事业纳入本级国民经济和社会发展规划","县级以上人民政府应当将全民健身工作所需经费列入本级财政预算","县级以上人民政府体育主管部门应当在本级人民政府任期届满时会同有关部门对全民健身计划实施情况进行评估,并将评估结果向本级人民政府报告"。这就是人们通常所说的全民健身"三纳入"。其中,将全民健身工作内容写入年度政府工作报告,是针对政府在公共体育服务中发挥主体职能的一项重要措施,尽管实施中遇到很多困难,特别是"将全民健身工作所需经费列入各级政府财政预算"的难度很大,但这是我国构建覆盖城乡的公共体育服务体系的一个有效抓手。①

我国公共体育服务均等化要求覆盖全体公众,统筹城乡公共体育服务,改变城乡二元保障机制,使城乡居民拥有均等的发展机会和享受同等水平的公共体育服务。这需要扩大公共体育服务的制度覆盖面,优先考虑制度覆盖城乡全体居民,缩小城乡公共体育服务的差距,满足基本需求,即横向公平均等化;并且积极加大农村公共体育服务的投入,逐步建立、健全乡镇群众体育组织,丰富体育活动内容;促使公共体育场馆、经营性体育场地设施向弱势群体免费开放,政府给予一定补贴,让每一个公民都能享受公共体育服务。但是,我国中央、省(自治区、直辖市)、市、县与乡(镇)五级政府间的公共体育服务责任划分,至今没有得到有效解决。在我国公共体育服务政策实践中,更多的是遵循财政能力均

---

① 刘国永,杨桦.中国群众体育发展报告[M].北京:社会科学文献出版社,2014:8-9.

等化的思路，导致战略要求与政策运行之间存在偏差与错位。由于地区间财力差异过大，许多地方政府的财力不足以负担辖区内的公共体育服务成本，财政转移支付体系也不足以实现财政均等化。因此，财政能力均等化模式有助于实现财力由富裕地区向贫困地区的转移，实现公共体育服务均等化。

三、"政府主导、多元协同"的公共体育服务供给模式

在传统计划经济体制下，政府是公共体育服务提供的唯一主体。公共需求多元化发展的现实以及政府、市场和社会组织相继"失灵"的问题促使多元主体合作供给公共服务。现阶段，我国仍然处于转型期，各种社会制度和法律还不健全，社会组织仍未发育成熟，客观上需要加强政府引导，为社会组织的健康发展提供良好环境，从而使社会组织实现自我约束、自我激励和自我管理。因此，以政府为主要供给者的"权威"+"多中心型"供给模式是我国公共体育服务的理想供给模式，具体是指政府、市场和社会组织通过广泛参与、紧密合作以优质高效的公共体育服务来满足公共需求的供给方式。该模式具有服务主体的多元化、服务目标的一体化和服务过程的合作化等特征。

公共体育服务的科学发展需要提高多元主体的供给能力，建立健全相关法律法规，加快公共体育服务多元主体合作机制建设，倡导公共精神，培育合作文化，落实公共服务责任，解决多元主体合作供给模式下的效率低下、公共伦理缺失以及责任模糊带来的问责困境等问题。其一，在多元主体参与

供给的过程中，不仅要树立共同的供给目标，使各供给主体为之共同努力；还要明确各级供给主体的供给权责，使得各主体更加明确、友好地协同合作。其二，由于各供给主体的特点、供给目的、运作方式的不同，因此需要构建主体之间的沟通机制、利益整合机制与互动机制等，为各供给主体的协同合作提供良好的机制保障。公共体育服务多元主体的合作供给中，政府通过维护公共秩序、法规管制、政策监督、保障权益等方式作用于市场供给主体，通过财务补助、税收减免、政策监督、法规管制等手段影响社会供给主体；市场供给主体和社会供给主体则通过合作供给、影响政策等方式反作用于政府。同时，在市场供给主体和社会供给主体之间又存在着正向的技术支持、财务支持和反向的社区参与、个体认同等相互作用。政府、市场、社会组织等多元主体通过资源和信息交流，克服自身的有限理性和有限能力等缺陷，在相互尊重对方利益的基础上加强合作并实现共同利益，从而为达成有效的集体行动提供可能。以全民健身设施为例，通过将归集的体育彩票公益金转移支付建设的社区健身点，在维修和设备更新的经费投入上面临着一定困难。这从客观上需要政府激励供给主体多元化，不断改进服务方式，丰富服务内容。而对如高水平竞技体育人才培养，或者重大体育信息发布，以及体育新闻出版和报道等此类项目，可以主要由政府或体育行政管理部门作为单一主体提供。对青少年体育健身俱乐部、体育技能培训等类型的服务，可以考虑向商业企业和民间组织开放，放低准入，鼓励竞争，政府加强引导。而对于进入门槛较高的国民体质健康测试、体质健康咨询等，可以加强公共部门的内部竞争等。①

第四节 我国公共体育服务体系的机制建设

关于公共体育服务体系的机制建设，不仅要注重实践运行问题，保证公共体育服务的效率和公平，还要通过政策执行的效果与激励机制设计，为政策工具的调整和改进直接提供依据，保证公共体育服务提供的稳定性、有效性和持续性。有学者认为，公共体育服务体系的运行机制需要效率机制、公平机制、激励机制和监督机制四个方面的联动。② 鉴于激励机制的重点是推进以公共体育服务为主要内容的绩效评估和问责制度，本研究认为公共体育服务体系的机制建设需要效率机制、公平机制、监督机制、评价机制与问责机制的协同运作。

一、效率机制

在公共服务实践中，公共服务的分权化、市场化和多中心化被认为是保证公共服务效率的有效机制。③ 关于分权化，

---

① 曹可强，俞琳.论体育公共服务供给主体的多元化［J］.体育学刊，2010，17（10）：22-25.
② 王伯超.构建我国体育公共服务体系的理论思考［J］.广州体育学院学报，2009（1）：1-4.
③ 陈昌盛，蔡跃洲.中国政府公共服务：体制变迁与地区综合评估［M］.北京：中国社会科学出版社，2007：25.

公共体育服务存在着层次性，区域性公共体育服务由地方政府提供，能更好地反映特定的地区偏好，有利于公共体育服务水平的确定。同时，相较于中央政府，地方政府在区域性公共体育服务提供上更具信息优势，使得公共体育服务提供更接近民众需求。"以足投票"显示的是对地方公共物品的偏好，而在地方公共物品生产或社会规划方面，自由资源的个人分权行动能够实现帕累托最优，使公共物品配置效率问题呈现转机。当然，公共体育服务分权化能激励政府间的竞争，从而提高服务效率。公共体育服务市场化是政府主导下的市场化配置机制，通过引进市场中的竞争机制，把有限的公共资源向最优的生产主体倾斜，从而通过竞争提高效率，使投入少而产出多；通过竞争打破垄断，使供给者对公众的需要做出反应；通过竞争推动人们去创新，改善公共服务的质量，进而促进公共体育服务均等化、优质化发展，为社会和公众提供更多、更好、更满意的公共体育服务。从"单中心"到"多中心"，不但强调供给主体由政府垄断向多元主体转变，企业和体育社团被纳入主体范围，而且资金来源形成政府拨款为主体、社会资金积极参与相结合的渠道；决策机制也注重形成政府决策主体、公众积极参与决策的民主决策机制。比如，在公共体育服务购买方面，政府从财政资金的直接使用者向分配者、监管者的间接角色转变，其本质是公共体育服务提供的契约化。相较于政府直接提供，政府购买更利于弥补政府在满足公众需求上的局限性，从而提高公共体育服务的质量和效率，促进政府职能向"小政府、大社会"方向转变，增进社会服务均等化等。2013年，常州在全省率先出台《公共体育服务体系建设三年行动计划（2014—2016年）》，积极构建"政府主导、社会共建、全民参与"的工作机制。2014年，常州市体育局向扬子晚报、常州市足球协会等18家单位购买公共体育宣传与培训服务。常州市业余足球比赛、全民健身徒步大会、环太湖自行车千人骑行活动等22个公共体育服务项目，被纳入2014年市政府购买范围。购买项目公布后，共有45家单位通过初步审核参与竞争，除健身路径建设等4个项目按有关规定进行政府采购外，其他18项全民健身赛事活动，全部由竞争中脱颖而出的社会组织和社会力量承接，提升了公共体育服务的供给效率，促进了公共体育服务水平的提高。

二、公平机制

公平是政府的责任，而如何保证公共体育服务供给中的基本公平和正义，在实践中则主要强调将权利保障法治化、保证公共体育服务供给的底线均等化和中央政府执行再分配政策。公共体育服务权利保障法治化意味着权利社会配置方式的改善，意味着社会公平正义（过程公平）的增进。具体指法律必须保障公民有参与其中并进行利益表达和诉求的权利，进而利用自身的权利去实现个人的价值和利益追求。法律制度可以给予无差别的救济与保障，可以为解决争端提供公正的规则和程序等。公共体育服务供给底线均等化是保障公众享有一定标准之上的公共体育服务，其实质是强调底线均等，即全体公民享受公共体育服务的机会均等、结果大体相同，并尊重社会成员的自由选择权。在推进公共体育服务底线均等化的情况下，必须先界定清楚均等化的"基准"，标准过高与标准过低均难以实现均等化预期缩小差距、推进平衡发展的目的。关于指标选择问题，结合我国公共体育服务总体投入不足、地区城乡差异巨大的事实，公共体育服务均等化测度的指标重点还是应该放在投入类指标上，并完善相关程序控制措施，进而逐步过渡到"产出"和"效果"指标。比如，《体育运动国际宪章》第1条规定：参加体育运动是所有人的一项基本权利。《国家基本公共服务体系"十二五"规划》明确要求实施基本公共体育服务建设工程，制定了"十二五"时期基本公共体育服务的国家基本标准，即可供使用的公共体育场地（包含学校体育场地）占全国体育场地总数的53%左右，经常参加体育锻炼的人数所占比例达到了32%以上，明确了在特定历史阶段我国基本公共体育服务的最低标准，充分体现了公民权利、政府责任等。公共文化和体育设施在"十一五"规划中被纳入中央政府投资支持公共服务的重点领域。中央政府执行再分配指财政按照公平分配原则通过税收和财政支出政策进行的再分配，以校正市场初次分配的"失灵"。同时，确定显示公平分配的标准和财政调节分配的特殊机制和手段，通过收入再分配等手段对社会弱势群体进行扶助，更多地关注落后地区、乡村以及弱势群体等，使得这些民众能够享受到最低标准的公共体育服务。政府则可以实施完善的发达地区向相对落后地区的群众体育帮扶政策，建立对口帮扶协调工作机制，鼓励和支持各地开展多种形式的合作和交流，建立地区间"点对点"的横向财政转移支付机制。

三、监督机制

目前，公共服务在我国呈现出"先提供服务，后研究监督"或"重服务、轻监督"的倾向[①]，在体育领域内表现得尤为明显。我国现行的公共体育服务监督以内部监督为主，注重"自上而下"的监督，但带有明显的被动性或事后性特征。

公共体育服务供给主体多元性及过程的复杂性，使得监督机制在公共体育服务体系中的作用至关重要，应按照全面履行政府职能的要求，建立健全公共体育服务监督机制。我国公共体育服务监督需要以公民为中心，引导公民以不同渠道和方式参与不同层面、不同内容的服务满意度调查，通过问卷调查、个体访谈、相关者参与、公民投票等方式，公民对特定的公共体育服务进行满意度评议，使公共体育服务供给真正反映社会意见和意志。由政府机构直接提供的公共体育服务，则应采取行政部门内部的监管形式，将监管职责和供给职责分开，监管机构与被监管机构应保持距离。对于许多委托私人部门、社会组织提供的公共体育服务，则宜采取社会监督和行业监督，前者使监管更具广泛性、公开性，后

---

① 顾杰.有公共服务，必有公共服务监督［N］.光明日报，2012-06-21.

者使监管更具专业性和针对性，两者结合更加有利于监管目标的实现。因此，形成包括完善的法律环境、专业化的行业监管机构、多种行业自律组织、多级消费者权益保护组织、多渠道的传媒和公众监督在内的现代监管体系，进一步改变政府部门自己制定政策、自己执行政策、自我进行评估的局面；建立完善的监管组织体系、规范透明的监管程序，组建专业化和有责任心的监管队伍，建立以现代信息技术为支撑的高效监管服务平台。比如，2013年年底，在地（市）级层面，全国未将全民健身事业纳入规划的地（市）有3个，全民健身经费未纳入政府财政预算的地（市）有10个，全民健身工作未纳入年度政府工作报告的地（市）有3个，"三纳入"总体覆盖率达到97%。在县（区）级层面，全国未将全民健身事业纳入规划的县（区）有75个，全民健身经费未纳入财政预算的有168个，全民健身工作未纳入年度政府工作报告的有86个，"三纳入"总体覆盖率接近93%，比2012年提高了11个百分点。由此可见，进一步提高县（区）级政府"三纳入"的覆盖率仍是接下来的工作重点，这需要进一步采取措施，加大监督落实的力度，使得公共体育服务政策和规定落到实处。

四、评价机制

公共体育服务评价不仅在提高公共体育服务质量、改善公共责任机制等方面发挥着重要作用，而且是公众参与公共体育服务管理的重要途径和方法。目前，我国公共体育服务评价体系的设计主要由政府发动,对社会相对封闭,公民参与范围有限,有明显的被动性等问题,且偏重于硬件以及机构运作,还缺乏公众的主观感受因素。因此,科学的评价体系应该包括以下两点:一是"硬件"评价,主要是设施、财力、空间、服务内容的评价;二是"软件"评价,主要是服务质量、服务满意状况等的评价。

公共体育服务评价应该积极引导公民参与,发挥社会和公众的创造性,把公众需求作为公共体育服务提供和生产的出发点,进而广泛地吸收社会各种力量的参与。同时,应在法律上树立公共体育服务评价的权威性,评价机构在进行公共体育服务评价时不受任何组织或个人的干扰和影响。在公共体育服务评价过程中建立相应的工作规章制度,对于公共体育服务领域中的哪些项目进行评价,在评价中应注意哪些问题等都应进行详细规定,确保整个评价工作在法律制度化框架内运行。比如,常州市体育部门在与社会组织签订购买公共体育服务项目合同后,先支付一半费用,作为活动启动资金,项目实施完成后,该市将组织专家对活动实施情况进行评估,再支付另一半补贴费用。① 近年来,"上海全民健身发展指数评估"和"浦东新区综合体育评估"都尝试引入第三方评估和政府技术服务招标的形式,取得了良好的效果。另外,由于我国公共体育服务的供给主体涉及体育主管部门、教育部门、卫生和文化部门等多部门的协同运作,公

---

① 政府购买公共体育服务 江苏常州签下全国"首单"[EB/OL].(2014-07-11)[2022-11-14].https://www.Chinanews.com/sh/2014/07-11/6374686.shtml.

共体育服务评价机制必须考虑到多部门联动和协调的特点，创新机制规划，建立联席会议制度和数据共享平台等工作机制①，从而使评价真正反映公共体育服务的现状。

五、问责机制

关于公共体育服务的问责，国务院发布的《体育法》《全民计划纲要》《全民健身条例》《公共文化体育设施条例》《社会体育指导员发展规划（2011年—2015年）》《国民体质监测工作规定》以及各省市出台的体育设施管理条例等成为公共体育服务问责的依据。2003年，《公共文化体育设施条例》规定，文化、体育主管部门负有监督管理公共文化体育设施的职责，并对设施的规划建设、使用管理做了详细规定，相关行政部门及工作人员在文化体育设施方面监管不力的，将对责任人给予行政处分，构成犯罪的将追究刑事责任。2006年的《山西省体育局实行部门首长问责制暂行办法》和2011年的《黑龙江省体育系统行政问责制暂行办法》则是我国体育行政部门出台的比较详细的问责办法。从上述文件看出，我国公共体育服务的问责情形大多是基于一般性质的党政问责规定，且问责的制度规范中缺乏对公民问责的具体途径的规定，影响了问责的实施效果。

一直以来，我国公共体育服务供给的问责是一个薄弱环节，多元供给主体的出现更加需要强调不同维度的公共体育

---

① 刘国永，杨桦. 中国群众体育发展报告［M］. 北京：社会科学文献出版社，2014：45.

服务问责问题。萨瓦斯等学者在回答公共服务应"如何供给"这一问题时,隐含着多元化的制度安排中相关各方的责任是什么。世界银行《2004年世界发展报告:让服务惠及穷人》中,用"责任"一词将服务供应链中的各个方面接起来,提出了一个公共服务供给分析框架①,并将公共服务供给主体间的关系总结为授权、融资、执行、关于执行情况的信息、强制性等五大特征,清晰地体现了供给过程中的各方责任。而"责任"这一术语的使用,首先旨在强调责任必须完整地包含这五个方面的特征,缺一不可,服务提供的失败往往源于责任存在某一方面的缺陷;其次是强调融资在确立责任关系中的首要地位。②而通过政策制定者、公民或使用者与服务提供者三者的互动形成了合约、呼吁与顾客权力(包含退出和呼吁)三种问责途径。比如,公共体育服务供给过程中,应该区分政策制定者与服务提供者以加强责任。政策制定者直接对全体公民负责,而服务提供者对政策制定者负责,其职责是提供服务。而将政策制定者和服务提供者区别开来有助于加强服务提供者的责任,增加激励效果,这为公共体育服务问责机制的建设和实施提供了借鉴。当然,问责制始终贯穿于公共体育服务的生产、供给之前的招投标过程、中间的生产环节和之后的分配阶段等全过程,真正做到公共体育服务多元供给主体在公共体育服务的事前、事中

---

① 郁建兴,吴玉霞. 公共服务供给机制创新:一个新的分析框架[J]. 学术月刊,2009,41(12):12-18.
② 贺达水,梁希震,张慧东. 惠及穷人的服务:以制度改革强化责任关系[J]. 管理世界,2004(8):148-150.

和事后的责任明确,实施问责和责任追究。同时,应加强培养公民问责的主体意识,构建报纸、杂志、广播、电视与网络等媒体信息平台,畅通其问责渠道,完善其问责程序,建立公共体育服务问责的回应机制,保障问责实体的权利。

本章小结

公共体育服务体系包含公共体育服务需求、产出、形成与实现这一完整过程,公共体育服务需求、公共体育服务供给、公共体育服务保障及公共体育服务评价等共同构成了公共体育服务体系的过程结构。公共体育服务体系的功能主要包括创新服务功能、资源整合功能及激励约束功能等。其中,创新服务功能在其结构优化方面的目标是公民共享公共体育服务的满意程度,实现公共体育服务供给方式和手段的创新和再造;资源整合功能就是推动公共体育资源的社会化、市场化及民主化进程,积极整合政府的政策资源和经费资源,实现亲民、便民、惠民与利民的总体要求;激励约束功能是指通过政策导向,激励各种供给主体积极主动地依法行使其权利,同时也约束其行为。我国公共体育服务供给主体中的政府机构凭借其权力与权威,在资源配置、结构优化和维持体系运转等方面承担着目标达成功能;市场在适应外部市场与社会环境变化方面最先做出调整和变化,发挥着适应功能;社会组织通过调研等方式,实现协调需求、资源与供给之间的平衡,承担着整合功能;相关的科研机构与高等院校通过体育理论以及相关科学技术、培训与推广研究，承担着维系模式的功能。目前，兼顾公平与效率的包容型公共体育服务体系模式实质性内核包含以"公共财政为主、社会资金参与"的公共体育服务支出模式，"广覆盖、适度水平、兼顾公平与效率"的公共体育服务消费模式和"政府主导、多元协同"的公共体育服务供给模式。我国公共体育服务体系需要以公共财政投资为主，广泛吸引社会资本和产业资本进入公共体育服务领域。统筹城乡公共体育服务，使城乡居民拥有均等的发展机会和享受同等水平的公共体育服务。公共体育服务多元主体供给过程中，明确各级供给主体的供给权责，使得政府、市场、社会组织等多元主体在相互尊重对方利益的基础上加强合作并实现共同利益，达成有效的集体行动。公共体育服务体系机制建设基于保证效率和公平，需要强调效率机制、公平机制、监督机制、评价机制与问责机制的协同运作。效率机制包括公共体育服务的分权化、市场化和多中心化；公平机制强调将权利保障法治化、保证公共体育服务供给的底线均等化和中央政府执行再分配政策；监督机制要引导公民以不同渠道和方式参与不同层面、不同内容的服务满意度调查，使公共体育服务供给真正反映社会意见和意志；评价机制要广泛地吸收社会各种力量参与公共体育服务评价；问责机制则要强化我国公民的问责意识，明确供给主体的责任，畅通其问责渠道，完善和规范问责的程序，建立公共体育服务问责的回应机制，保障问责的实体权利。

第五章 我国公共体育服务标准体系

"十三五"时期是全面建成小康社会决胜阶段，我国体育事业发展仍处于大有作为的重要战略机遇期。随着中等收入群体规模的不断扩大，群众提高生活水平和改善生活质量的愿望愈加强烈，消费需求更加多样化和层次化，因此，提高公共服务供给质量和水平的要求更加紧迫。党的十八大报告明确指出，"着力推进基本公共服务均等化，努力实现惠及全体人民的基本公共服务均等化目标"，其首要任务是实现基本公共资源配置的均等化。诸多学者对公共服务标准体系建设进行了研究，如施昌奎（2012）对标准体系建设的必要性、原则、体系及标准以及意义进行了研究。① 张宏、陈琦（2012）将我国公共体育服务体系的结构分为3层10要素（产品），并将10要素（产品）又细化为20项具体的

---

① 施昌奎. 北京市基本公共服务标准体系建设初探［J］. 城市管理与科技，2012，14（4）：25-27.

服务项目指标,建立了我国公共体育服务项目标准。① 杨明(2013)提出实施公共体育服务标准化是公共体育服务均等化的基础和实现绩效考核和改进的重要方式,有利于促进公共体育服务供给主体多元化。② 上述研究对我国公共体育服务标准体系建设具有重要的借鉴意义。本研究将分析我国公共体育服务标准体系释义、建设的必要性、业务和技术标准建设及评价标准建设,这有利于进一步促进我国基本公共体育服务标准化、均等化发展。

第一节 我国公共体育服务标准体系释义

公共服务是指建立在一定社会共识基础上,由政府主导提供的,与经济社会发展水平和发展阶段相适应,旨在保障全体公民生存和发展基本需求的公共服务。③ 公共服务包括保障人类的基本生存权、基本尊严(或体面)、基本能力需要的满足,以及基本健康需要的满足等。公共体育服务是保障民生需求的重要领域,归属于公共服务范围之内。公共体育服务是典型的纯公共产品,是由国家承担主要责任的一个领域。秦小平等(2009)认为公共体育服务是指政府各级

---

① 张宏,陈琦. 我国公共体育服务体系服务项目标准研究[J]. 成都体育学院学报,2012,38(9):21-24.
② 杨明. 我国公共体育服务标准体系构建研究[J]. 武汉体育学院学报,2017,51(1):20-25.
③ 国务院. 国家基本公共服务体系"十二五"规划[EB/OL].(2012-07-20)[2022-11-14].http://www.gov.cn/zwgk/2012-07/20/content_2187242.htm.

体育部门依照公民自身的实际发展需要，利用公共资源向他们提供与他们生活密切相关的最基础性的体育公共产品和服务。[1] 公共体育服务应该包括居民日常需要的体育场地、器材和居民日常需要的体育指导、体育信息的服务、体育活动的组织服务等。汤际澜等（2010）从中观层次认为公共体育服务领域涵盖了竞技体育、学校体育和大众体育，并将学校体育和大众体育划分为基本公共体育服务领域。[2] 王学彬等（2015）认为公共体育服务具体包括体育场地设施、体育活动、体育组织、体育信息、体育指导、体育监测六个方面内容。[3] 周爱光（2012）认为，公共体育服务包括体育场馆、体育活动、资本投入等方面。[4] 郑家鲲等（2013）将"经费投入、场地设施、组织管理、制度保障、队伍建设、信息宣传、活动开展、群众评价"[5] 视为公共体育服务的评价内容。田媛、肖伟等（2016）借鉴江苏省公共体育服务示范区指标体系，将江苏农村基本公共体育服务内容体系归纳为"场地设施、组织管理、指导队伍、活动开展、经费投

---

[1] 秦小平，王健，鲁长芬. 实现我国体育基本公共服务均等化问题刍议[J]. 体育学刊，2009，16（8）：32-34.
[2] 汤际澜，徐坚. 公共体育服务的公共性研究[J]. 天津体育学院学报，2010，25（06）：510-514.
[3] 王学彬，郑家鲲. 基本公共体育服务标准化建设：内容、困境与策略[J]. 体育科学，2015，35（9）：11-23.
[4] 周爱光. 从体育公共服务的概念审视政府的地位和作用[J]. 体育科学，2012，32（5）：64-70.
[5] 郑家鲲，黄聚云. 基本公共体育服务评价指标体系的构建[J]. 上海体育学院学报，2013，37（1）：9-13.

入、信息宣传、规章制度"等。①

依据路德维希·冯·贝塔朗菲一般系统论的观点,系统是"相互作用的诸要素的综合体",系统各组成部分之间按照一定的相似性规律进行归类整合后,形成了隶属于系统的若干子系统,进而构成系统整体。由此看出,上述学者忽视了资源要素的内容特质和相互关系,更多的是从资源要素的角度分析了公共体育服务内容体系,而且存在着基础性资源要素和整体功能性资源要素未进行区分的情况。从资源要素出发,体育资源是指在特定的范围内,满足公众进行体育活动所需要的一切物质的和非物质的要素,而人、财、物、信息与组织等属于公共体育服务中基础性核心体育资源要素,而制度、文化等则属于整体功能性体育资源要素。鉴于此,本研究认为公共体育服务是政府以社会公共利益为目的,为满足社会公共需要和保障社会基本体育权利需求而提供的公共体育物品和服务,其内容主要包括基础性核心资源要素层面的体育指导队伍、经费投入、基础设施、信息宣传、组织管理以及整体功能性资源要素层面的体育规章制度、体育活动开展内容,而非常重要的体质监测则归属于体育活动开展部分。关于基本公共服务标准,其主要是指在一定时期内为实现既定目标而对基本公共服务活动所制定的技术和管理等

---

① 田媛,肖伟,姚磊.农村基本公共体育服务体系建设研究——基于苏北五市内容体系的考察[J].体育科学研究,2016,20(4):1-6.

规范。① 关于标准体系，GB/TI3016—1991《标准体系表编制原则和要求》认为其是"一定范围内的标准按其内在的联系形成科学的有机整体"。其中，"一定范围"可以指国际、区域、国家、行业、地区、企业范围，也可以指产品、项目、技术、事务范围；"有机整体"说明标准体系是一个整体，标准体系内各项标准之间具有内在的有机联系。标准体系通常以结构框架图和体系表的形式表现出来。根据涉及的范围和目标的不同，可以建立不同的标准体系。标准体系是由组成它的标准集合而成的，应该符合布局合理、领域完整、结构清晰、系统完善、满足其所在领域对标准的总体设置要求，总体上具备集合性、整体性、目标性、关联性、环境适应性等特征。② 公共体育服务标准体系参考和借鉴以上标准体系的内涵，主要指规定从事公共体育服务活动应满足的要求以确保其适用性的一系列标准，具体包括提供过程中的服务人员、服务场所、设施设备、服务流程和方法，以及服务质量要求的标准。

根据《国家基本公共服务体系"十二五"规划》规定，公共体育服务属于基本公共服务范围。《"十三五"推进基本公共服务均等化规划》更是对服务项目、服务对象、服务指导标准以及支出责任和牵头负责单位做出了详细规定。（表5-1）当然，各省（市、区）应遵循国家基本标准实施，

---

① 国务院. 国家基本公共服务体系"十二五"规划 [EB/OL].(2012-07-20)[2022-11-14].http://www.gov.cn/zwgk/2012-07/20/content_2187242.htm.

② 柳成洋，等. 服务标准化导论 [M]. 北京：中国标准出版社，2009：137.

但可以结合本地区的实际情况适当提高标准。各行业主管部门会同国务院标准化行政主管部门等，分别制定实施基本公共服务各领域设施建设、设备配置、人员配备、经费投入、服务规范和流程等具体标准，推动城乡、区域之间标准的衔接。公共体育服务标准化工程建设可以在有条件的地区开展公共体育服务标准化试点。在残疾人文化体育层面，要加快推动公共文化体育场所设施向残疾人免费或优惠开放。施昌奎（2012）对北京市基本公共服务标准体系建设进行了探索，并在其制定的基本公共服务标准体系中提到了有关体育的四项标准：每万人拥有体育场馆的数量、城镇居民家庭每百户健身器材拥有量、乡镇体育设施达标率、体育人口占总人口的比重。当然，公共体育场馆开放、全民健身服务及残疾人体育服务绝不只是体育部门的事，涉及教育、财政以及残联等多个部门，而为了促进我国公共体育服务的有效实施，相关部门需要协同制定标准，明确特定的任务分工和责任，共同促进公共体育服务事业的发展。

---

① 施昌奎. 北京市基本公共服务标准体系建设初探［J］. 城市管理与科技，2012，14（4）：25-27.

表 5-1 "十三五"国家基本公共服务清单（部分）

序号	服务项目	服务对象	服务指导标准	支出责任	牵头负责单位
1（70）	公共体育场馆开放	城乡居民	有条件的公共体育设施免费或低收费开放；推进学校体育设施逐步向公众开放	地方人民政府负责，中央财政对部分事项予以补助	体育总局、教育部、财政部
2（71）	全民健身服务	城乡居民	提供科学健身指导、群众健身活动和比赛、科学健身知识等服务；免费提供公园、绿地等公共场所全民健身器材	地方人民政府负责，中央财政对部分事项予以补助	体育总局、教育部、财政部
3（80）	残疾人文化体育	残疾人	能够收看到有字幕或手语的电视节目，在公共图书馆得到盲文和有声读物等阅读服务；为基层残疾人体育活动场所和残疾人综合服务设施配置适宜的器材器械	地方人民政府负责，中央财政适当补助	中国残联、文化部、新闻出版广电总局、体育总局

注：括号中的序号为"'十三五'国家基本公共服务清单"上的排序号。

第二节 我国公共体育服务标准体系建设的必要性

2013 年，第五次全国服务业标准化联席会议强调要落实"建立健全服务业标准体系的要求",遵循"抓质量、保安全、促发展、强质检"的工作方针,进一步发挥标准对服务业的调节、改进和促进作用。《国家基本公共服务体系"十二五"规划》对公共体育服务内容进行了详细规定,公共体育服务均等化从基本理念开始上升为国家实践。此外,依据国家文化体育相关法律法规,为保障服务的供给规模和质量,明确工作任务的事权与支出责任,促进城乡均衡发展,制定了《"十二五"时期公共文化体育服务国家基本标准》,指出公共体育服务标准化内容主要包括制定体育活动组织与安全标准,研制体育运动场馆和设施,以及体育器材与用品的管理和安全标准。(表 5-2)

表 5-2 我国公共体育服务标准相关文件或会议

年份	文件/会议名称	主要内容
2004	《全国服务标准 2005~2008 年发展规划》	提出了服务领域国家标准发展的指导思想、主要目标、主要任务和措施
2009	《全国服务业标准 2009 年—2013 年发展规划》	提出了公共管理和社会组织的标准修订任务
2011	《标准化事业发展"十二五"规划》	提出使标准成为提高社会管理与公共服务质量和政府服务绩效的有效手段,促进社会管理与公共服务水平的提升
2011	《〈全民健身计划(2011—2015 年)〉实施情况评估标准(试行)》	指标分为一级指标、二级指标,标准分为 A 类标准、B 类标准和 C 类标准三种标准

续表

年份	文件/会议名称	主要内容
2013	第五次全国服务业标准化联席会议	落实"建立健全服务业标准体系的要求",遵循"抓质量、保安全、促发展、强质检"的工作方针,进一步发挥标准对服务业的调节、改进和促进的作用
2015	《国务院关于印发深化标准化工作改革方案的通知》(国发〔2015〕13号)	制定全民健身相关规范和评价标准,建立政府、社会、专家等多方力量共同组成的工作平台,采用多层级、多主体、多方位的方式对全民健身发展水平进行立体评估,注重发挥各类媒体的监督作用
2016	《体育发展"十三五"规划》	建立高效权威的标准化统筹协调机制;整合精简强制性标准;优化完善推荐性标准;培育发展团体标准;放开搞活企业标准;提高标准国际化水平;坚持整体推进与分步实施相结合,按照逐步调整、不断完善的方法,协同有序推进各项改革任务
2016	《全民健身计划(2016—2020年)》	制定结构合理、内容明确、符合实际的基本公共体育服务标准体系
2017	《国务院关于印发〈"十三五"推进基本公共服务均等化规划〉的通知》(国发〔2017〕9号)	国家构建现代公共文化服务体系和全民健身公共服务体系,促进基本公共文化服务和全民健身基本公共服务标准化、均等化

资料来源:根据相关文件资料整理所得。

公共体育服务体系标准化是实现公共体育服务提供过程与结果规范化的前提条件。通过建立国家、省、市三级体质测定与运动健身指导站,普及科学健身知识,指导群众科学健身。推动落实国家体育锻炼标准,加强学生体质监测,制定残疾人体质测定标准,定期开展国民体质监测。而各类公共文化体育设施布局、场馆建设、设备配置、人员配备、服务规范等具体标准,由文化部、广电总局、新闻出版总署、文物局和体育总局依法会同有关部门及国家标准化行政管理部门制定实施。制定建设与实施公共体育服务标准体系,可以使公共体育服务产品供给规范化、提供过程程序化,从而获得优质的公共体育服务,有利于推动公共体育服务在地域、城乡和人群间的均等化。同时,为了进一步推进公共体育服务示范区建设,必须制定结构合理、内容明确、符合实际的公共体育服务标准体系,落实目标任务和重大政策措施,创新全民健身组织方式、活动开展方式、服务模式,开展实施效果评估和满意度调查。公共体育服务标准化是公共体育服务提供从粗放型向精细化转变的重要标志,旨在构建一个包括保障标准、业务和技术标准、评价标准在内的标准体系,并按照标准实施公共体育服务,从而达到普遍均等、惠及全民的目的。

第三节 我国公共体育服务业务和技术标准建设

公共体育服务业务和技术标准,主要包括设施建设标准和管理服务标准两类。设施建设标准主要对公共体育硬件设施提出刚性要求;管理服务标准主要是软件建设,重在提高公共体育服务机构的服务效能和水平,旨在规范行为、优化流程、固化指标,提高公共体育服务机构的服务质量。

一、设施建设标准

科学合理的标准是公共体育服务设施建设的前提，应根据公共体育服务设施的公益性特征对市场化的服务设施与公共体育服务设施进行甄别，对按国家相关标准要求必须配置的公共体育服务设施，要通过地方标准的制定加以明确规定。国家公共体育设施基本配置标准如表5-3所示。

表5-3 国家公共体育设施基本配置标准

序号	级别	具体内容
1	市、地"五个一"工程	建设一个综合体育场、一个综合体育馆、一个大型全民健身活动中心、一个游泳馆、一个体育公园
2	县（市、区）"五个一"工程	建设一个田径场、一个综合体育馆、一个中型全民健身活动中心、一个室内游泳池、一个体育公园（或健身广场）。其中，综合体育馆、全民健身活动中心、游泳池可合建为一体
3	街道	一个室内体育场地为主的小型全民健身活动中心，其中体育设施不少于5项，包括乒乓球室、多功能房、器械健身房等；建筑面积约1 000平方米，其中室内外体育场地面积不小于500~1 000平方米。基本配置为体育场地建设应考虑到当地群众喜好的体育活动，并与文化、卫生等设施相结合
4	乡镇	一个户外体育健身广场、一个带看台的灯光篮球场、一套健身器材，以及其他场地设施
5	社区/行政村	社区的基本配置为一个建有室外健身设施的多功能健身点，其中室外健身器材不少于10件；也可以是一个配备健身器材设施的体育活动室。行政村基本配置为一个室外篮球场、两个室外乒乓球台（或乒乓球活动室）

随着各地构建服务型政府以及推行公共体育服务均等化实践的蓬勃发展,体育职能部门研制并发布了《"十二五"公共体育设施建设指导手册》等。2017年,国家体育总局制定的18项体育领域的国家标准由国家标准化管理委员会发布实施,标准从基础通用到器材装备、从健身指导到设施配建,涉及内容广泛,为群众身边健身场地的验收提供了重要标准依据。① 国家体育总局已完成《体育标准体系建设指南》的编制工作,体育标准化工作得以有效推进。2017年,江苏省编制出台了《江苏省公共体育设施基本标准》(以下简称《标准》),用以指导全省公共体育设施标准化建设。该《标准》对公共体育设施的分级与配置、选址与布局、设计与建设及运营与管理做了基本规定。《标准》涉及省级、市级、县(市、区)级、镇(街道)级、行政村(社区)级、自然村(居住小区)级公共体育设施的新建、改建、扩建及设施的运营管理等。其中,省级体育场观众座位数规定应达到6.0万座,体育馆观众座位数为1.0万~1.5万座,游泳馆观众座位数应达到0.3万座,全民健身中心建筑面积应不小于30 000平方米;体育公园内体育项目应不少于15项,以户外运动项目为主。而基层的行政村级体育活动室建筑面积应不小于100平方米;多功能运动场体育场地面积应不小于1 000平方米;健身公园体育项目应不少于5项。自然村级健身广场场地面积应不小于150平方米;室外

---

① 体育总局制定18项体育领域国家标准发布[EB/OL].(2017-09-14)[2022-11-14].http://www.gov.cn/xinwen/2017-09/14/content_5224985.htm.

乒乓球场地面积为40~85平方米；健身路径应配置5件以上健身器材。2016年9月1日，浙江省宁波市颁布了《体育现代化村建设与服务规范》，科学设置了农村体育场地设施建设的绩效指标，即须有一处500平方米以上固定的室外晨、晚练点；拥有2套健身路径，每套含10件器材，含告示牌，建有1个水泥标准篮球场；向社会开放，开放率达到100%；做好辖区内体育设施设备的登记、日常巡查和维护；体育设施设备的完好率在90%以上。① 这对于促进农村基本公共服务标准化、均等化有着重要作用。当然，公共体育设施建设还需要与公共交通系统结合，与其他公共服务功能结合，以体育服务综合体、文体中心、文体活动室等形式兼容建设；鼓励依托既有城乡公共空间进行复合利用增设公共体育设施，考虑不同类型人群的公共体育设施使用需求，提升老年人、儿童、残疾人等弱势群体的使用便捷性。

二、管理服务标准

公共体育服务体系建设的协调机制是提升公共体育服务效能的必然要求，可以联合宣传、组织、发改、财政、文化、广电、体育等部门，形成规范化的协调工作机制，加快形成科学有效的宏观体育管理体制。体育职能部门能够通过现代信息网络较为便捷地收集、处理、归纳公共体育服务需

---

① 宁波市质量技术监督局. 关于批准发布《体育现代化村建设和服务规范》地方标准规范的公告 [EB/OL].（2016-09-01）[2022-11-14]. http://www.cnnbzj.com/cn/nbsdfbzzxd/12363.html.

求，并通过现代信息网络进行公共体育服务需求的表达、转译以使多元主体获得需求信息并知晓供给标准要求，信息网络技术的使用更使其具有技术上的可能性。大力培育基层全民健身组织，构建全民健身志愿服务组织网络，建立全民健身志愿服务长效机制。通过全民健身组织政策法规的制定，形成全民健身组织发展的管理和保障机制。并进一步完善国民体质测试常态化机制，探索体质测定与运动健身指导站、社区医院等社会资源相结合的运行模式。建立广泛覆盖城镇乡村的体质测试平台，开展不同人群的国民体质测试工作，依托体质监测数据库，建立科学健身指导服务体系。

2015年，国家体育总局在《体育场馆运营管理办法》中提出，除了训练场馆和专业性较强的场馆外，其他体育场馆每周开放时间一般不少于35小时，全年开放时间一般不少于330天。在国家法定节假日、全民健身日和学校寒暑假期间，每天开放时间不得少于8小时。因场馆类型、气候条件、承担专业训练和竞赛任务等原因，不能按照本办法规定对外开放的，可由省级体育主管部门视具体情况自行制定开放时间要求，向公众公示。体育场馆应当完善配套服务，优化消费环境，提供与健身、竞赛、培训等功能相适应的商业服务，不得经营含有奢侈和低俗内容的商品和服务。体育场馆应当健全信息服务系统，建立客户维护体系，有条件的场馆可以建立网络服务平台，提供多样化、人性化服务，提升客户体验。鼓励体育场馆运营单位引入环卫、安保、工程、绿化等专业服务机构，提升场馆区域范围内物业管理和服务的专业化水平。鼓励有条件的场馆配备全面视频监控，实行动态管理，场地等重要场所监控录像保留时间不低于30日。体育场馆运营单位应当公示服务内容、开放时间、收费项目和价格、免费或低收费开放措施等内容。除不可抗力外，因维修、保养、安全、训练、赛事等原因，不能向社会开放或调整开放时间的，应当提前7天向公众公示。2017年，国家体育总局制定的18项体育领域的国家标准包含了对公共体育服务的管理技术和服务标准。其中，"体育信息分类与代码"系列标准的制定为科学健身指导服务平台的构建提供了基础性的技术支撑；《全民健身中心管理服务要求》《公共体育设施室外健身设施应用场所安全要求》的发布完善了全民健身中心、城市社区多功能场地和室外健身设施的配建和管理服务要求；而《体育场所开放条件与技术要求总则》和《体育场所开放条件与技术要求第32部分：足球运动场所》进一步在原有高危项目开放条件的基础上，对全民健身场所开放要求进行了全面覆盖，促进了大众健身场所管理工作科学、有序和规范发展。①

第四节　我国公共体育服务评价标准建设

国务院颁布的《全民健身计划（2016—2020年）》强调建立全民健身公共服务绩效评估指标体系，定期开展第三

---

① 体育总局制定18项体育领域国家标准发布［EB/OL］.（2017-09-14）［2022-11-14］.http://www.gov.cn/xinwen/2017/09/14/content_5224985.htm.

方评估和社会满意度调查,对重点目标、重大项目的实施进度和全民健身实施计划推进情况进行专项评估,形成包括媒体在内的多方监督机制,这对于我国公共体育服务评价内容的指标选择、评估主体以及监督机制的完善有着重要意义。

公共体育服务评价标准是一个综合性的范畴,是一个在影响因素、测量机制、管理工具及治理结构等诸多方面都比资源投入产出、过程控制更为复杂的范畴。在注重公共服务内部机制的同时,更为关注公共服务部门与社会、公众的关系,以实现公众意志和提高公民满意度为最终标准,如应该引入公民满意度来测量其服务态度、服务质量,强调在提升公共体育服务效率的同时,更应当承担起对社会的责任。公共体育服务评价标准主要用于衡量地方政府,公共体育服务机构和重点体育惠民工程开展的实际效果。一是制定绩效考核标准,重点考核公共体育设施建设、服务供给、资金投入等基础工作的完成情况。二是建立评价、评优标准,对公共体育服务管理、服务质量进行评价。三是建立社会评价标准,由社会第三方独立开展公共体育服务的公众满意度评价。绩效管理的基本目标是提高公共管理运行的效率与质量,包括提高行政效能、提高公共服务质量、实现社会的有效治理等,考核公众所表现出来的满意度情况,可以对当前公共体育服务供给行为做出客观评价,有利于进一步明确政府的公共体育服务职能定位,加强公共体育服务体系建设。将"流程再造"引入公共部门,推进绩效评价指标体系的制度安排,推动基本公共体育服务成为各级政府的硬任务、硬指标，真正成为可衡量、可监测的对象，并纳入政绩考核、评价指标体系当中。而在公共体育服务满意度测评中，要科学选取测评项目、测评对象和测评方法，避免使用主观性很强的测评手段，但也不能为了测评的客观性而选择过于复杂的测评方法，尽管客观性加强，但实施性比较差，基层单位基本无法实行。四是建立一个开放性强、透明度高的政府主导和社会参与相结合的评估系统，探索建立公共体育服务第三方评价机制，增强公共体育服务评价的科学性和有效性。

本章小结

公共体育服务标准体系是指规定从事公共体育服务活动应满足的要求以确保其适用性的一系列标准，具体包括提供过程中的服务人员、服务场所、设施设备、服务流程和方法，以及服务质量要求的标准。公共体育服务标准体系建设是服务型政府建设的必然选择，强调政府公共服务职能的履行和完善，通过标准化建设建立制度化的约束，实现公共体育服务的最佳秩序和最佳效能。政府通过制定公共体育服务标准，实现规范化操作，完善了公共体育服务体系建设。公共体育服务标准化建设旨在构建一个包括保障标准、业务和技术标准、评价标准在内的标准体系，从而达到普遍均等、惠及全民的目的。科学合理的标准是公共体育服务设施建设的前提，应该按国家相关标准要求配置公共体育服务设施，并通过地方标准的制定加以明确规定。公共体育服务评价标准需要制定绩效考核标准，重点考核公共体育服务设施建设、服务供给、资金投入等基础工作，并对公共体育服务管理、服务质量进行评价，还须建立由社会第三方独立开展的公共体育服务的公众满意度评价。公共体育设施建设应该考虑不同类型体育人群的使用需求，提升老年人、儿童、残疾人等弱势群体的使用便捷性；可以联合宣传、组织、发改、财政、文化、广电、体育等部门，形成规范化的协调工作机制。体育职能部门通过现代信息网络较为便捷地收集、处理、归纳公共体育服务需求，并通过现代信息网络进行公共体育服务需求的表达、转译，以使多元主体获得需求信息并知晓供给标准要求。大力培育基层全民健身组织，构建全民健身志愿服务组织网络，完善全民健身志愿服务长效机制、全民健身组织发展的管理和保障机制、国民体质测试常态化机制，探索体质测定与运动健身指导站、社区医院等社会资源相结合的运行模式。引入公民满意度来测量其服务态度、服务质量，满意度测评要科学选取测评项目、测评对象和测评方法，避免使用主观性很强的测评手段，但也不能为了客观性而选择过于复杂的测评方法，导致实施性比较差，基层单位基本无法实行。建立一个开放性强、透明度高的政府主导和社会参与相结合的评估系统，探索建立公共体育服务第三方评价机制，增强公共体育服务评价的科学性和有效性。

第六章 我国公共体育服务保障标准

享有基本公共服务属于公民的权利，提供基本公共服务是政府的职责。① "十二五"期间，我国公共体育场地设施数量显著增加，初步形成了全民健身组织网络，全民健身指导和志愿服务队伍不断壮大，多种形式的科学健身指导服务惠及城乡居民。但政府提供的公共体育服务不足，体育场地设施建设、组织体系建立、科学健身指导等诸多方面与广大人民群众的需求存在较大差距等现实问题已经成为我国体育强国建设中的基础性薄弱环节。"十三五"时期是全面建成小康社会的决胜阶段，进一步促进国家公共体育服务体系的完善、稳步推进公共体育服务均等化水平进程，面临着新的机遇和挑战。随着我国经济社会的快速发展，发展方式从规模速度型转向质量效率型，发展动力从传统增长点转向新的增长点，财政保障能力逐步增强，进一步完善了公共体育服

---

① 国务院. 国家基本公共服务体系"十二五"规划［EB/OL］.(2012-07-20)［2022-11-14］.http://www.gov.cn/zwgk/2012-07/20/content_2187242.htm.

务体系建设。民生持续改善也会为经济发展创造更多有效需求,为推进供给侧结构性改革提供强大的内生动力。随着中等收入群体规模的不断扩大,群众提高生活水平和改善生活质量的愿望更加强烈,消费需求更加多样化和层次性,提高公共服务供给质量和水平的要求更加紧迫。随着城乡人群公共体育服务需求方式和需求内容的深刻变化,通过建立健全科学有效的公共体育服务实施机制,旨在改善人、财、物等基础条件,以推动规划目标的顺利实现,确保公共体育服务制度的高效运转。

《国家基本公共服务体系"十二五"规划》中提出,基本公共服务标准是指在一定时期内为实现既定目标而对基本公共服务活动所制定的技术和管理等规范。《"十三五"推进基本公共服务均等化规划》指出,"十二五"以来,我国已初步构建起覆盖全民的国家基本公共服务制度体系,各级各类基本公共服务设施不断改善,国家基本公共服务项目和标准得到全面落实,保障能力和群众满意度进一步提升。阮可(2015)提出保障标准的制定可使各级政府明确与自身职责相适应的服务内容,进而建立公共文化服务制度化和规范化的约束,有利于最佳秩序和最佳效能的实现,促进基本公共文化服务标准化均等化。① 李静、张林虎(2014)以及王学彬、郑家鲲(2015)等学者分析了我国政府公共体育服务标准化过程中存在的问题,并针对性地提出了促进我国

---

① 阮可. 我国基本公共文化服务保障标准研究 [J]. 中国出版, 2015 (12): 11-15.

政府公共体育服务标准化建设的举措和策略等。①② 郭曼、徐凤琴（2017）从政策保障、法制保障、组织保障、信息保障、人才保障五个维度分析了公共文化服务标准化建设的保障机制。③ 由此得出，政府通过出台和实施保障标准，旨在促进全体公民能够公平均等地享受公共体育服务，并借由机会均等保障起点的公平。

我国城乡二元结构致使城乡公共体育服务存在着较大差距，而保障标准的设定和服务方式的创新将利于促进城乡间公共体育服务均等化的实现。促进公共体育服务标准化、均等化，需要立足于现有国情基础之上，全体公民都能公平地获得大致均等的公共体育服务，而制定国家层面、地方各级层面的公共体育服务保障标准，是为了查异补缺、补齐短板、兜好底线，保障好每一位公民的公共体育服务权益。国家负责制定国家层面的标准，各级地方政府根据国家标准，结合当地实际，可以制定高于国家标准的地方标准，从而形成公共体育服务的保障标准体系。而合乎实际需要的保障标准可以使各级政府更好地履行与其职能相适应的服务，明确供应的内容，供应达到何种程度，达到何种标准，从而建立制度化的约束，实现公共体育服务的最佳秩序和最佳效能，

---

① 李静，张林虎. 我国政府基本公共体育服务标准化建设的初步研究 [J]. 成都体育学院学报，2014，40（7）：33-36.
② 王学彬，郑家鲲. 基本公共体育服务标准化建设：内容、困境与策略 [J]. 体育科学，2015，35（9）：11-23.
③ 郭曼，徐凤琴. 我国公共体育服务标准化建设的保障机制 [J]. 体育学刊，2017，24（4）：36-39.

这对于保障公共体育服务标准化、均等化发展有着重要的现实意义。

第一节 我国公共体育服务内容构成

国内外公共体育服务实践表明,"保障基本""着力基层""建设机制"构成公共体育服务供给模式选择的基础,如表6-1所示。在公共体育服务事业不同的发展阶段、不同的区域,公共体育服务所提供的内容也会有所侧重。

表6-1 我国公共体育服务内容构成及表现形式

基本范畴	内容构成		表现形式
保障基本	基本公共体育服务均等化	体育机会公平	统筹城乡基本公共体育服务发展,加大对农村地区、边远贫困地区、民族地区、边疆地区以及薄弱环节与薄弱单位的倾斜和投入力度;保障弱势群体接受同等的基本公共体育服务权益
		体育标准公平	建立国家基本标准体系,构建基本公共体育服务标准体系;完善国家指导性标准和强制性标准;推进各地基本公共体育服务标准化建设
着力基层	基础性核心要素	指导队伍	社会体育指导员数、基层社会体育指导员所占比例、社会体育指导员的指导率
		经费投入	年人均公共体育经费、公共体育设施经费投入占体育经费支出比例、公共体育经费占地方财政支出比例

续表

基本范畴	内容构成	表现形式
着力基层	基础性核心要素 — 基础设施	公共体育场（馆）数量、人均公共体育场地面积、居民所在社区公共体育设施覆盖率、学校体育场馆向社会开放的比例、公共体育场馆设施的开放率
	基础性核心要素 — 信息宣传	社区宣传栏公益健身宣传情况、地方电视台公益体育报道情况、公益性健身科普讲座、公益性现场健身咨询
	基础性核心要素 — 组织管理	设置专门机构分管基本公共体育服务工作，体育指导站、点数
	整体性功能层面 — 规章制度	公共体育服务法规、公共体育服务政策、政府公共体育服务工作规划、公共体育服务规章制度的执行情况
	整体性功能层面 — 活动开展	具有特色的体育活动项目、每年开展群众性体育活动的次数、居民每年享有至少1次体质测试的人口比例
建设机制	基本公共体育服务政策与法规	贯彻落实好国家有关法律、法规和规范性文件，包括"十二五""十三五"《全民健身条例》《体育发展"十三五"规划》等
	基本公共体育服务提供机制	政府、市场与社会组织多元主体并存；完善经费中央财政与地方财政共同分担、城乡公共体育经费保障机制（公共财政投入）与多渠道筹措体育经费的投入机制；政府主导、市场引导与社会参与相结合
	基本公共体育服务考核评价机制	体育行政部门督导考核，将城乡基本公共体育服务均衡发展情况列入各（区）县人民政府和主要负责人的考核指标等；社会监督，如中介组织、社会团体等；完善第三方参与的评价机制

一、保障基本

保障基本主要包括保障公共体育服务的机会公平和标准公平。其中,机会公平是指参加某种活动的权利,而规则公平则是形成机会公平的先决条件,具体体现在保证人们参加某种活动的准入资格平等。准入资格平等主要指个人和组织都应有参与同样的活动的权利,并享受公平原则,这些都通过体育法、企业登记管理条例、公司登记管理条例等法律规范性文件来赋予和保障。

关于公共体育服务的标准公平,需要依据相关法律法规,明确公共体育服务的事权与支出责任,各行业主管部门会同国务院标准化行政主管部门共同制定实施公共体育服务设施建设、设备配置、人员配备、经费投入、服务规范和流程等具体标准,推动城乡之间、区域之间的标准衔接。国家公共体育服务项目清单和服务标准的出台,以及国家体育总局与文化部共同制定的国家基本公共文化体育服务指导标准,使得县、乡镇(街道)、村(社区)公共体育服务所需要硬件和软件内容得以明确。从区域来看,我国各级政府重视发展革命老区、民族地区、边疆地区、贫困地区的公共体育服务供给。从城乡来看,我国各级部门非常重视贫困地区公共体育设施方面的投入,县—乡镇(街道)—村(社区)三级公共体育设施网络基本建成,设施水平逐渐提高。从不同群体来看,青少年、老年人是需要加强公共体育服务的重点群体,我国各级政府需要提高面向不同人群的公共体育服务水平，并进一步实现公共体育服务重心、资源与服务的下移。比如，为解决农村公共文化体育服务"散乱差少"等问题，广西来宾市加快推进乡村文化公共服务综合体建设，全市724个行政村基本实现"五个一"（一栋文化综合楼、一个文艺团队、一个灯光篮球场、一支农民文艺队、一支农民篮球队）的全覆盖，形成了闻名全国的乡村基层公共文化体育服务综合体建设的"来宾模式"，推进了行政村文化体育事业的标准公平。

二、着力基层

首先，需要建设和完善场馆设施网络建设，重点支持县级公共体育场馆建设，加大城市社区和农村乡镇公共体育设施建设投入，将体育场地设施建设融入基层公共文化服务中心，实现中小型体育场馆设施建设面向群众、贴近基层，充分利用城市绿地、广场、公园等公共场所和适宜的自然区域；丰富室外健身器材种类和功能，提档升级室外健身器材的配建管理；积极推进公共体育设施免费、低收费的开放工作，提升各类公共体育设施的利用率和管理服务水平。比如，2021年，张家港人民政府发布的《张家港市推进省级体育消费试点城市建设实施方案》中，提出体育设施完善是推进省级体育消费试点城市（2021—2022年）建设的重点，要求构建市、镇、村三级全民健身设施网络，持续优化全市"城区5分钟、中心镇区10分钟体育健身圈"建设。截至"十三五"末，全市共建有综合型体育中心1个，镇级文体中心8个，体育公园19个（其中14个达县级以上标准），全民健身站点1 030个，健身步道622.33公里，人均体育场地面积达6.11平方米。其次，需要加强基层组织建设，激活基层组织活力，健全基层组织服务体系，建立国家、省、市三级体质测定与运动健身指导站，大力培育发展市（县）以下基层体育社会组织。最后，需要进一步激发体育社会组织的活力，发展壮大社会体育指导员队伍，打通联系健身群众渠道，使公众免费享有体育健身指导服务。

三、建设机制

保障公共体育服务供给是公共体育服务建设机制的核心，旨在实现公共体育服务均等化。国家各级体育部门需要为公共体育服务提供保障，构建良好的运行机制：关于公共体育服务政策与法规，需要贯彻落实好国家有关法律、法规和规范性文件，包括"十二五"时期、"十三五"时期的《全民健身条例》《体育发展"十三五"规划》等；要完善中央财政与地方财政共同分担、城乡公共体育协同发展的经费保障机制（公共财政投入），以及多渠道筹措体育经费的投入机制，实现政府主导、市场引导与社会组织参与相结合；体育行政部门督导考核，将城乡公共体育服务均衡发展情况列入各（区）县人民政府和主要负责人的考核指标等；加强中介组织、社会团体等社会组织的监督，完善第三方参与的评价机制。具体实施：首先，需要建立科学的财税体制，建立事权和支出责任相适应的制度，加快形成统一规范和透明的财政转移支付制度,建立起双向的财政平衡机制和保障机制。① 我国公共体育服务的有效实施需要相关部门的统筹协调,进行任务分工,积极引导社会力量参与公共体育服务的供给,加强政府与社会资本的合作。其次,要以完善政策保障、法律法规保障、组织保障、人才保障等标准为支撑,促进我国公共体育服务的标准化进程。再次,要积极推进公共体育服务供给主体的多元化,实现供给方式的多样化,提升公共体育服务的供给效率,保障公共体育服务的供给公平。最后,积极制定和完善法律法规,加强监督和绩效评价,进一步推进公共体育服务体系建设的法制化进程。

第二节 我国公共体育服务保障标准建设

2011年,国家体育总局出台了《〈全民健身计划(2011—2015年)〉实施情况评估标准(试行)》,进一步促进了我国全民健身事业的规范化实施。2013年,在北京召开第五次全国服务业标准化联席会议,强调要落实"建立健全服务业标准体系的要求",遵循"抓质量、保安全、促发展、强质检"的工作方针,进一步发挥标准对服务业的调节、改进和促进作用。《国家新型城镇化规划(2014—2020年)》提到完善基本公共服务体系构建,根据城镇常住人口增长态势和空间分布,合理布局学校建设、医疗卫生机

---

① 国务院. 国家基本公共服务体系"十二五"规划 [EB/OL].(2012-07-20) [2012-11-14].http://www.gov.cn/zwgk/2012/07/20/content_2187242.htm.

构、文化设施、体育场所等基本公共服务设施。国务院颁布实施了系列规划性文件,而国家体育总局等部门则针对行业现况出台了行业实施情况评估标准。(表6-2)现阶段,标准化是针对公共体育服务体系建设中的突出矛盾和问题提出来的一项重要工作任务,要推进公共体育服务标准化工程建设,重点可以在有条件的地区开展公共体育服务标准化试点工作和加强基层公共体育服务标准化的建设工作。

表6-2 2011—2017年我国公共体育服务标准相关文件

年份	文件名称	主要内容
2011	《〈全民健身计划(2011—2015年)〉实施情况评估标准(试行)》	指标分为一级指标,二级指标,标准分为A类标准,B类标准和C类标准三种标准
2012	《国家基本公共服务体系"十二五"规划》	推进县乡公共文化体育设施和服务标准化的建设,加快构建农村社会养老服务体系,开展农村公共服务标准化试点工作。制定体育活动组织与安全标准,研制体育运动场馆和设施,以及体育器材与用品的管理和安全标准
2014	《国家新型城镇化规划(2014—2020年)》	根据城镇常住人口增长态势和空间分布,合理布局学校建设、医疗卫生机构、文化设施、体育场所等基本公共服务设施
2015	《国务院关于印发深化标准化工作改革方案的通知》(国发〔2015〕13号)	建立高效权威的标准化统筹协调机制。整合精简强制性标准。优化完善推荐性标准。培育发展团体标准。放开搞活企业标准。提高标准国际化水平。坚持整体推进与分步实施相结合,按照逐步调整、不断完善的方法,协同有序推进各项改革任务

续表

年份	文件名称	主要内容
2017	《国务院关于印发〈"十三五"推进基本公共服务均等化规划〉的通知》（国发〔2017〕9号）	国家构建现代公共文化服务体系和全民健身公共服务体系，促进基本公共文化服务和全民健身基本公共服务标准化、均等化。基本公共体育服务主要包括公共体育场馆开放、全民健身服务

资料来源：根据相关文件资料整理所得。

一、公共体育服务保障标准的建设目标

从西方发达国家的经验来看，区域均等被普遍重视，地区成为均等化的主体。基本保障标准的设定和服务方式的创新将进一步促进城乡公共体育服务均等化的实现。公共体育服务标准化建设是公共体育服务提供从粗放型向精细化转变的重要标志，保障标准强调以满足群众基本体育需求为目标和以政府财政支持能力为尺度的统一。我国东部、中部和西部的公共体育服务发展失衡问题十分突出，尤其是不同区域之间公共财政在公共体育服务方面的投入存在着明显差异，而国家公共体育服务保障标准主要是为了解决不同地区间的差异。

公共体育服务财政支出的最低公平模式充分体现了公共体育服务均等化分阶段、分步骤推进的客观规律，同时兼顾了经济欠发达省份资源有限的情况，符合我国社会主义初级阶段国情和政府承受能力的适宜选择。当然，随着城市化进程及社会阶层的分化，应加大对外来务工人员等弱势群体的权利保障，确保其能够享受同等的公共体育服务。

二、公共体育服务保障标准的制度设计和试点

2012年，国务院印发了《国家基本公共服务体系"十二五"规划》，这是我国第一部关于基本公共服务的国家级专项规划，该规划首次明确了我国公民应该享受政府提供的基本公共体育服务项目、服务对象、保障标准、支出责任、覆盖水平等国家基本标准的权利，并明确提出要加快建立健全公共文化体育服务国家标准体系。2017年，《"十三五"推进基本公共服务均等化规划》提出了"公共体育场馆开放""全民健身服务""残疾人体育"的具体指导标准，在《国家基本公共服务体系"十二五"规划》的基础上强调了牵头单位的确认问题等，而两部规划的出台在一定程度上对各级政府形成了硬约束，近年来，国家标准委牵头起草的《标准化事业发展"十二五"规划》《社会管理和公共服务标准化工作"十二五"行动纲要》均对公共服务标准化建设提出了具体要求。

在体育行业标准化方面，国家体育职能部门研制出台了《"十二五"公共体育设施建设指导手册》《〈全民健身计划（2011—2015年）〉实施情况评估标准（试行）》。部分地方政府也相继启动了公共体育服务示范区试点建设工作，比如，江苏省颁布实施了《江苏省公共体育服务体系示范区指标体系》（1.0版、2.0版）和《江苏省公共体育设施基本标准》等。而在试点探索方面，2016年，浙江省海盐县印

发了《海盐县文化体育基本公共服务均等化改革试点工作实施方案》（盐政办发〔2016〕62号），旨在建立科学、规范、适用、易行的基本公共文化体育服务均等化样本。根据《国家基本公共文化服务指导标准（2015—2020年）》《浙江省基本公共文化服务标准（2015—2020年）》《嘉兴市基本公共文化服务实施标准（2015—2020年）》，制定了具有本地特色的地方实施标准，明确基本公共文化体育服务的内容、种类、数量和水平，明确政府保障底线，做到保障基本、统一规范及推进落实。把城乡公共体育服务均等化纳入国民经济和社会发展总体规划及城乡规划。到2017年，所有镇（街道）综合文化站评估定级达到一级以上，农村综合文体活动中心实现全覆盖。公共体育设施和符合开放条件的公办学校体育场地设施100%向社会免费或低收费开放①，人均体育场地面积达1.5平方米，经常参加体育锻炼人数比例为40%以上。将老年人、未成年人、残疾人、新居民、生活困难群众等作为公共体育服务的重点对象，积极开展面向老年人、未成年人的公益性体育培训服务、演出展览和科技普及活动。并根据公共体育服务均等化改革的需要，加强县、镇、村三级体育指导员配备，以群众需求为导向，有针对性地开展基层公共体育服务，鼓励、引导村民和社区居民自办文化体育活动，制定科学合理的公共体育服务均等化评价指

---

① 浙江省人民政府办公厅.浙江省人民政府办公厅关于推进公共体育设施和学校体育场地设施向社会开放工作的通知［EB/OL］.(2015-09-08)［2012-11-14］.http://www.zj.gov.cn/art/2015/9/8/art_1229017139_57179.html.

标体系，完善县镇（乡）村绩效考核评估系统，评估全县基本公共体育服务均等化的工作绩效。

三、公共体育服务保障标准的地方实践和探索

《国家公共文化服务体系"十二五"实施纲要》中的标准主要包括公共文化设施建设和服务标准、公共文化机构评估标准和对地方党委政府的评价标准。而在地方公共文化体育服务标准化层面，体育作为重要组成内容，各地均取得了一些新的探索。从基层的实践来看，公共体育服务标准化是政府提供公共服务、进行社会管理的一种创新。公共体育服务标准化是一个动态的过程，制定标准需要试点验证，让最佳的操作规范接受实践检验并不断改善。比如，宁夏回族自治区中宁县委、县政府编制了西北五省第一个县级《公共体育设施专项规划（2014—2020年）》，积极将公共体育服务体系建设纳入了全县社会经济发展总体规划、政府工作报告和政府财政预算。同样，宁夏回族自治区固原市彭阳县委、县政府将群众体育事业发展作为全面建成小康社会的重要内容和考核指标，将公共体育服务体系示范县创建工作作为重大民生工程组织实施，并成立了创建工作领导小组，制订了《彭阳县创建基本公共体育服务体系示范县实施方案》，特别是认真落实"三纳入"政策，加大县财政倾斜投入力度，"十二五"期间，公共体育设施建设累计投入资金达1.73亿元；按照全民健身总体规划和年度计划，文体设施建设维护及文体活动开展每年投入1 100万元，按每人每年不少于2

元的标准，并将体育活动经费纳入年度财政预算。

公共体育服务需求和各地公共体育服务部门的服务能力是制定标准的主要依据。国家和各地可以根据经济发展水平和政府财政支持能力，制定科学合理的公共体育服务标准，明确各级政府的保障责任。标准制定应该考虑便于工作实施效能的提升，提高资金、设施、人力、物力的使用效率，建立对标准执行的评估体系，确保标准体系在实际工作中发挥作用。公共体育服务标准是面向公众的服务承诺，在制定过程中需要广泛征求意见，发布后要广泛宣传，提高公共体育服务的满意度。同时，为了便于政府及公共体育服务部门根据标准开展服务以及公众的参与与监督，标准内容应做到简洁明了，易于操作。国家公共体育服务标准由中央相关部门制定发布，经济发达地区可以适当提高；短时间内难以达到相关标准的省份，可以借助财政转移支付制度保障其实现。加快城乡公共体育服务一体化建设，建立以城带乡联动机制，合理配置城乡公共体育资源，加强对农村和欠发达地区公共体育服务体系建设的帮扶力度，推动公共体育服务体系建设重心下移、资源下移、服务下移，加大公共体育资源向城乡基层倾斜的力度。比如，广西来宾市是全民健身公共服务示范城市，截至2020年年底，全市724个行政村，建有村级篮球场地2 360个，体育场地数量9 522个，全市人均体育场地面积达2.50平方米，人均体育场地面积居广西前列。又如，2016年9月1日，浙江省宁波市批准发布《体育现代化村建设与服务规范》，成为我国首个农村公共体育服务地方标准，以优化农村公共体育资源配置、提升公共体育服务水平、推动公共体育发展为着力点，科学设置了体育组织队伍建设、体育场地设施建设、体育活动效益三大类共32项绩效指标，而该标准的实施则有利于促进农村公共体育服务供给的标准化、均等化。

第三节 我国公共体育服务保障标准的框架设计

公共体育服务保障标准的框架主要包括公共体育服务项目和内容、基本场地和设施、经费和人员保障三大类，不仅便于公众参与其中，也便于各级政府和部门明确自身责任。

一、项目和内容

公共体育服务保障标准是体现基本权益、政府职责、地方特色以及未来发展方向的标准，服务项目主要包括体育场馆开放、全民健身服务和残疾人体育健康服务等。其中，关于体育场馆开放，需要加强基层公共体育设施建设，大力推动公共体育场馆设施向社会开放，健全学校等企事业单位体育设施向公众开放的管理制度，确保可供使用的公共体育场地（含学校体育场地）占全国体育场地总数的比率达到53%左右。关于全民健身服务，需要全面实施全民健身计划，健全基层全民健身组织服务体系，扶持社区体育俱乐部、青少年体育俱乐部和体育健身站（点）等建设，发展壮大社会体育指导员队伍，大力开展全民健身志愿服务活动。积极推广广播体操、工间操以及其他科学有效的全民健身方法，广泛开展形式多样、面向大众的群众性体育活动。建立国家、省、市三级体质测定与运动健身指导站，普及科学健身知识，指导群众科学健身，确保经常参加体育锻炼的人数比率达到32%以上。推动落实国家体育锻炼标准，加强学生体质监测。关于残疾人体育健康服务，需要科学制定残疾人体质测定标准，建立1 200个残疾人体育健身示范点，经常参加体育健身的残疾人比率达到15%以上，定期开展国民体质监测等。（表6-3）

表6-3 "十二五"时期公共体育服务保障标准

服务项目	服务对象	保障标准	支出责任	覆盖水平
体育场馆开放	城乡居民	有条件的公办体育设施（含学校体育设施）向公众开放，免费项目或有关收费标准由地方政府制定；开放时间与当地公众的工作时间、学习时间适当错开，不少于省（区、市）规定的最低时限，全民健身日免费开放，国家法定节假日和学校寒暑假期间，应当适当延长开放时间	地方政府负责，中央财政适当补助	可供使用的公共体育场地（含学校体育场地）占全国体育场地总数的比率达到53%左右

续表

服务项目	服务对象	保障标准	支出责任	覆盖水平
全民健身服务	城乡居民	免费享有健身技能指导、参加健身活动、获取科学健身知识等服务；免费提供公园、绿地等公共场所全民健身器材	地方政府负责，中央财政适当补助	经常参加体育锻炼的人数比率达到32%以上
残疾人体育健身服务	残疾人	免费享有体育健身指导服务	中央和地方财政共同负担	建立1 200个残疾人体育健身示范点，经常参加体育健身的残疾人比率达到15%以上

资料来源：《国家基本公共服务体系"十二五"规划》。

二、基本场地和设施

现阶段，我国各级政府部门非常重视贫困地区公共体育设施的投入，县—乡镇（街道）—村（社区）三级公共体育设施网络基本建成，设施水平逐渐提高。公共体育服务设施建设要以城乡基层体育设施建设为重点，以流动的体育设施和数字体育阵地建设为补充，继续加强公共体育设施建设，努力形成比较完善的国家、省、市、县、乡镇（街道）、村（社区）六级公共体育设施网络。

基层的中小型全民健身中心和灯光球场建设需要充分利用城市绿地、广场、公园等公共场所和适宜的自然区域建设全民健身活动设施。同时，配套建设群众身边的基本公共体育设施网络，增加适宜老人、儿童进行体育锻炼的器材，推动室外健身器材配建管理提档升级。通过学校体育设施的开放推进大型公共体育场馆免费和低收费开放工作的进程，提升场地设施的利用率和管理服务水平。目前，国家标准化管理委员会发布了国家体育总局制定的18项体育领域的国家标准。其中，《笼式足球场围网设施安全通用要求》的发布完善了全民健身在场地器材方面的标准制定；《体育场地使用要求及检验方法第4部分：合成面层篮球场地》和《体育场所等级的划分第3部分：游泳场馆星级划分及评定》进一步扩展了两项系列标准的覆盖范围，有助于规范相关场地建设要求，引导体育场所服务水平的提升，这为群众身边健身场地的验收提供了重要标准依据。国家体育总局《体育标准体系建设指南（2018—2020年）》的发布，更深入地推进了体育标准化工作。

三、经费和人员保障

保证公共财政对公共体育服务建设投入的增长幅度高于财政经常性收入增长幅度，提高体育支出占财政支出的比例。以农村和基层、边疆民族地区、贫困地区为重点，优先安排设计关系人民群众切身利益的体育项目，重点保障基层公益性文化单位开展基本公共文化服务所需经费，扶持公益性文化单位的技术改造和设备投入。中央、省、市三级设立农村体育建设专项资金，保证一定数量的中央转移支付资金用于乡镇和村体育建设。通过政府购买服务、项目补贴、以奖代补等方式，鼓励和引导社会力量提供公共体育产品和服务。进一步落实鼓励社会组织、机构和个人捐赠以及兴办公益性体育事业的税收优惠政策，促进企业及民间对公共体育服务投入的明显增加，鼓励和引导民间资本进入公共体育服务领域。完善公共体育服务人才政策和措施，吸引各类优秀人才进入公共体育服务领域。设立城乡基层公共文化体育服务岗位，引导和鼓励高校毕业生到基层从事公共体育服务工作。落实乡镇（街道）文化站编制不少于2人的要求，并建议设置体育专职人员，解决基层工作繁杂和人手不够的窘境。逐步提升基层文化体育工作人员待遇，稳定乡镇和社区文化体育队伍。加强公共体育服务人才职业道德、业务知识、管理能力、文化素质和服务能力等方面的培训。

此外，保障标准的制定需要考虑我国东部、中部、西部公共体育服务的差异。2010—2013年，东中西部各省市体育财政支出的绝对数量上东部大于西部，西部大于中部。这一时期整体西部地区差异小于东部地区，但稍大于中部地区。① 因此，在制定保障标准时，要充分考量东部、中部、西部地区发展的GDP和人口基数现状，在部分指标的设置上，采用分类定标的方法确定东部、中部、西部的基本保障指标值。

---

① 卢志成. 我国区域体育财政支出公平性分析［J］. 首都体育学院学报，2015，27（4）：311-315.

第四节　我国公共体育服务保障标准的实施

一、我国公共体育服务运行机制

关于公共服务运行机制，国内学者蔡跃洲等（2006）提出公共服务的范围、公共服务的提供、公共服务的运行机制以及公共服务的绩效及可持续性四个层次基本框架的基本观点，不仅明确了公共服务范围，还强调公共服务机制的协同和作用发挥。① 关于公共体育服务机制，李燕领等（2015）认为公共体育服务体系机制建设需要效率机制、公平机制、监督机制、评价机制与问责机制协调运作，以保证公共体育服务的效率和公平，确保公共体育服务提供的稳定性、有效性和持续性。② 陈斌、韩会君（2014）认为公共体育服务外包需要通过行政问责制、整合机制、信任机制和激励机制促进公共体育服务外包的政府责任的实现。③ 这些研究对于我国公共体育服务实施机制建设有着重要的借鉴意义。现阶段，以公民为中心的政府管理的核心内容在于依据公众的意愿和要求提供优质的公共服务。《"十三五"推进

---

① 蔡跃洲，王瑛.长三角区域一体化进程中面临的问题［J］.浙江经济，2006（16）：60.

② 李燕领，王家宏，蒋玉红.中国公共体育服务体系：模式选择与机制建设［J］.成都体育学院学报，2015，41（4）：57-62.

③ 陈斌，韩会君.公共体育服务外包的政府责任及实现机制论析［J］.天津体育学院学报，2014，29（5）：404-408.

基本公共服务均等化规划》提出统筹协调、财力保障、人才建设、多元供给与监督评估等五大实施机制，并构成政府保障公众基本生存发展需求的制度性安排。因此，进一步探讨五个机制在公共体育服务中的有效运作具有重要的现实意义。

(一) 统筹协调机制

协调是对组织内外各种关系的处理，也意味着对个人和机构行为与决定进行控制，以促进组织整体目标的实现。① 在政府内部，各部门之间的协调机制尤为重要。目前，我国尚未建立统一完善的联动机制，各项规章制度不健全，缺乏统一的政策体系，造成公共体育服务缺乏定位、规范和管理，部门间协调较为困难。这需要体育总局、教育部、财政部以及中央和地方政府相关部门建立完善的统筹协调机制，推进公共体育服务的均等化。国务院颁布的《"十三五"推进基本公共服务均等化规划》针对城乡居民的公共体育场馆开放、公共体育设施免费或低收费开放以及学校体育设施逐步向公众开放等问题，明确了支出责任和牵头单位的问题。现阶段，实践表明公共体育服务不仅仅是体育工作，其本身与教育、文化、科技、传媒等联系紧密，涉及工商、税务、商务、公安、消防、安监等数十个部门，还需要促进体育与发改、文化、国土、财政、教育、旅游、医疗、统计等部门的统筹协调，做好公共体育服务供给政策与经济、社会、民

---

① 张成福，李丹婷，李昊城. 政府架构与运行机制研究：经验与启示 [J]. 中国行政管理，2010 (2)：10-18.

生、产业等重大改革和政策的衔接。比如，关于公共体育设施建设用地，需要将公共体育设施建设用地纳入地方土地利用总体规划，统筹、集约、高效地安排标志性体育设施、城乡社区健身休闲广场和体育公园的用地计划指标。因此，要健全公共服务管理体制，加强中央和地方、政府和社会的互动合作，促进各级基本公共体育服务资源的有效整合，形成实施合力。

（二）财力保障机制

公共财政是满足社会公共需要的政府财政运行模式。保障标准突出的是公共体育服务均等化供给，强调以满足群众基本体育需求为目标和以政府财政支持能力为尺度的统一。财政能力的最低公平模式充分体现了公共体育服务均等化分阶段、分步骤推进的客观规律，同时兼顾了经济欠发达省份资源有限的情况。国家出台一个最低标准，各省按照此标准实施，经济发达的省份在此基础上可以适当提高标准；而无法落实此标准的省份，则可以通过政府财政转移支付保障标准的有效实现。在确保各级政府将公共体育服务经费足额纳入财政预算，并保持与国民经济增长相适应的投入力度的基础上，进一步完善多元资金筹集机制，优化投融资政策，发挥财政资金的杠杆效应，采取多种方式拓宽投入渠道。鼓励各地设立公共体育服务的专项扶持资金，支持社会力量参与公共体育服务，落实财税优惠政策，鼓励社会对公共体育服务进行资助和捐赠。各级政府应将公共体育服务体系纳入本级政府工作报告、本地区国民经济和社会发展总体规划、本级财政经费预算以及政府为民办实事项目。从总体上来讲,要以公共体育服务需求为导向,建立公共体育服务投入的稳定增长机制,确保公共体育服务经费投入的增长在公共体育服务经费中占有一定的比例。积极争取财政资金,并在加大政府资金投入的同时,注意转变资金的投入方式,财政投入逐步从"养人"为主向"养事"为主转变,从一般投入为主向以项目投入为主转变,提高资金的使用效率。① 比如,2014年宁夏回族自治区中宁县被确定为首批创建基本公共体育服务体系示范县以来,中宁县政府建立财政保障机制,将全民健身经费、体育基础设施建设等列入每年财政预算,实行专款专用,积极鼓励企业注入资本支持地方体育事业发展,并通过以奖代补、减免相关费用等方式,全力扶持体育社会组织发展,这为我国公共体育服务的财力保障机制实施提供了参考。

(三)人才建设机制

现阶段,我国公共体育服务领域存在着理论和实践相结合的复合型人才相对缺乏等问题,这从客观上要求加强人才培养和培训,强化人才激励约束,促进人才的合理流动,相关政策重点向基层倾斜,努力形成一支适应公共体育服务发展需要、结构合理,并在组织管理、专业指导、运作推广、研究开发等方面具有专业技能的人才队伍。人才建设可以从以下三方面进行:第一,对公共体育服务相关工作人员进行

---

① 郭曼,徐凤琴. 我国公共体育服务标准化建设的保障机制[J]. 体育学刊, 2017, 24 (4): 36-39.

定期的专业技能和专业知识培训,提高工作人员素质,增强工作能力。特别是要加强县级体育人才队伍建设,不断提高专业化水平和服务能力。健全落实乡镇(街道)、行政村(社区)公共体育服务从业人员配备相关标准和政策,通过多种形式吸引更多专业人才加入基层公共体育服务队伍。建立科学规范的社会体育指导员管理制度,加强对社会体育指导员队伍培训力度,不断提升其科学健身指导的专业能力,通过开展宣传教育和技能指导服务,促使其成为健康生活方式指导员。第二,组建由专业技术人才、公共体育服务管理人才与公共体育服务专家构成的公共体育服务专家库,保障相关工作的科学开展。第三,充分利用高校、科研院所等人才培养基地,建立规范化的公共体育事业管理课程体系,培育专业化人才。通过机制的完善与创新,激发全社会的创新活力,进而整合多方资源,畅通人才培养和人才规划渠道,实现人才的互联互通和共享共用机制。

(四) 多元供给机制

公共体育服务是纯公共物品,因而政府承担着主要责任。而公众体育消费的需求结构以及公共体育需求偏好的多样化从客观上要求供给主体多元化,形式包括:① 政府独自提供,即政府是资金供应者和生产安排者。② 市场主导,体育市场组织实施。③ 政府主导,社会非营利组织实施。④ 多主体参与联合供给的模式。[①] 为了保障公共体育服务供

---

① 谢凌凌. 基本公共教育服务体系:一个理论框架的构建 [J]. 教育学术月刊, 2012 (8): 20-24.

给的效率和公平，则需要创新供给机制，促使公共体育服务覆盖范围的扩大。加强对体育行业协会、基金会、民办非企业单位等体育社会组织的引导、扶持和管理，提高有资质、有能力的体育社会组织承担公共体育服务供给的比重。完善体育社会组织参与公共体育服务的内容和项目清单，进一步规范准入标准、资质认定、招标采购、服务监管等规则和管理办法，指导体育社会组织依法依规参与公共体育服务，进一步加大向体育社会组织开放公共体育服务领域资源的力度。这需要在指导体育社会组织开展能力建设的同时，重视做好体育社会组织的资质认定和等级评估工作，规范建立体育社会组织年检制度和信息公开制度。鼓励体育社会组织以组建经营实体、建立培训基地、打造项目平台等形式建设体育俱乐部。重视开展农民、妇女、少数民族体育，并将外来务工经商人员以及社会矫正人群的基本体育权益保障纳入属地公共体育服务供给体系。

（五）监督评估机制

目前，公共体育服务监督从总体上呈现出在横向上受到立法机构、司法机构、政党、非政府组织及广大公民的监督和控制；在纵向上表现为下级政府受上级政府的监督等特征。现阶段，公共体育服务的监督权分散在众多政府部门之中，主管部门与社会组织间隶属关系等复杂性的存在，使得监管和评价服务困难重重。基于此，首先，需要建立一种多维度的监督评估机制，充分发挥权力机关、司法机关、媒体监督和群众监督的实效性。其次，需要全面系统地实施评估的事前、事中与事后相结合，通过抽查、信用评价、投诉举报等手段强化督促检查和考核奖惩，实施监督的全过程和无缝隙。最后，需要构建全民参与公共体育服务监督的网络监管平台，健全社会监督机制，重点加强社会力量对政府公共体育服务工作的监督，通过听证会、论证会或社会公示等形式听取公众意见，确保我国各地公共体育服务工作的规范有序。

目前，现有的公共体育服务绩效评估多重视投入资金、人员等方面，相对忽视实施效果、效益和效率的评价，评估缺乏执行力。公共体育服务评估通过构建人大、审计部门、公众多主体参与评估的绩效评估体系，则从注重过程导向向结果导向转变，以公民满意度为根本标准，合理设置其权重和分值，通过科学的调查，采集有效信息做出评估，并且将社会公众的满意度作为衡量公共体育服务投入和产出绩效的重要标准。当然，研制并建立公共体育服务监督评估指标体系，可以明确体系的范围标准、资源配置、管理运行、供给方式、评估办法等有关内容，进一步创新我国公共体育服务的监督和评估机制，政府可以通过购买服务的方式或委托第三方机构对公共体育服务的实施进行监督管理。

二、我国公共体育服务保障标准实施的措施

公共体育服务是价值理念与具体实践、战略目标与实现机制、指导原则与实施紧密联系的长期过程和复杂系统。坚持科学的实施路径对保障公共体育服务的实现十分重要，而我国公共体育服务保障标准的实施需要进一步推动财力均等化资源配置机制，创新服务基层下沉机制，优化部门统筹协调机制，建立服务供需对接机制和完善绩效考核评价机制等。

（一）推动财力均等化资源配置机制

公共体育服务追求的是全民共享的公共性，公共体育服务的开展主要依靠国家的财政投入，而财政投入均等是公共体育服务均等化的基础。以财力均等化推动资源配置均等化，最终推动公共体育服务的均等化。首先，县级以上政府要将公共体育服务所需的保障资金纳入公共财政经常性支出预算，落实保障当地常住人口享有公共体育服务项目所需的资金。东中西部地区县域人均体育事业经费，应不低于上一年度平均水平。其次，要明确公共体育服务投入的重点，在区域均等、城乡均等、群体均等目标规划的前提下，投入要有助于公共体育设施空间布局的优化，重点投入城乡基层体育基础设施建设、体育普及和精品生产。最后，要进一步完善财政转移支付制度，加快形成统一、规范、透明的财政转移支付制度，要求科学设置、合理配置一般性转移支付和专项支付。对于转移支付制度的调整不仅需要进行均等化现状分析，还要对各项转移支付的效果以及对地方政府的财政激励作用进行评估。

（二）创新服务基层下沉机制

当前，公共体育服务的短板在基层，要创新服务供给，把更多的设施、人才、产品、服务引向基层，增强基层服务能力。按照党的十八届三中全会精神，采取措施，加强基层体育基础设施建设，从组织体系、经费支持、人员保障等方面深度整合基层公共体育服务资源，形成一个组织合力和组织优势，有效对接群众需求，通过建立基层综合性文体服务中心，让广大群众能够方便快捷地享受公共体育服务。这就需要重点关注群众最现实的体育需求，要扩大政府购买公益性体育产品的范围，保障基层群众体育权益的实现。通过公共体育产品的均衡供给推进公共体育服务均等化，形成需求导向、优质高效、均等普惠的城乡公共体育服务新机制。制订年度农村公益性体育项目实施计划，明确服务规范，改进服务方式，推动城乡体育的交流，以城带乡，以城促乡，发挥体育活动品牌的辐射和带动作用。面向老年人、残疾人、农民工、低保等重点群体，继续实施特殊群体的均等化项目，开展群体性的比赛活动，建立制度化、可持续、落实到点与落实到人的运作机制。

（三）优化部门统筹协调机制

根据《国家基本公共服务体系"十二五"规划》，公共体育场馆开放由地方政府负责，中央财政适当补助；全民健身服务由地方政府负责，中央财政适当补助；残疾人文化体育服务则需要中央和地方财政共同负担。2017年，《"十三五"推进基本公共服务均等化规划》强调国务院各有关部门要按照职责分工，做好行业发展规划、专项建设规划与本规划的衔接，明确工作责任。要加强部门间统筹协调，共同研究推动解决公共服务均等化工作中跨部门、跨行业、跨区域及政策创新等重大问题。省级人民政府要强化主体责任，以本规划为指导，结合实际制定推进本地区公共服务均等化规划、行动计划或基本公共服务清单，科学确定服务范围和项目内容，分年足额落实财政投入，切实促进省域内基本公共服务均等化。市、县级人民政府负责推进落实国家和省级人民政府确定的基本公共服务清单及相关政策措施，制定办事指南，明确责任单位，优化服务流程，提高质量效率，保证清单项目落实到位，并及时向上级政府和有关部门报告进展情况。具体到体育领域：关于公共体育场馆开放，需要充分保障城乡居民的公共体育权利，地方人民政府负责，中央财政对部分事项予以补助。而体育总局、教育部、财政部则为主要的牵头单位。关于全民健身服务，城乡居民公共体育权利的保障需要明确地方人民政府负责，中央财政对部分事项予以补助，而体育总局、教育部、财政部则为牵头单位。关于残疾人文化体育，需要为基层残疾人体育活动场所和残疾人综合服务设施配置适宜的器材器械，明确地方人民政府负责，中央财政适当补助的支出责任，而牵头单位则为中国残联、文化部、新闻出版广电总局、体育总局。

现代公共体育服务体系建设必须整合政府和社会各个方面的力量，突破行业壁垒和公共体育资源体制内循环的制度局限。而建立公共体育服务体系建设的协调机制，是加强政府机构改革的协同性、提升公共体育服务效能的必然要求，这需要以深化体育体制改革为契机，联合宣传、组织、发改、财政、文化、广电、体育等部门，成立公共体育服务体系建设协调组织机构，促进工作的规范化、常态化，加快形成科学有效的宏观体育管理体制。并且，需要依托协调机制，定期召开协调会议，负责行动计划组织领导，政策制定、统筹规划，协调解决均等化实施过程中的重大问题，确保标准化、均等化工作顺利进行。

（四）强化服务供需对接机制

现阶段，我国公共体育服务供给基本上按照自上而下的单向度为主导，体育部门送服务的多，而持续服务的少；城乡群众被动参与的多，主动参与的少。建立反馈机制，政府要注重发挥基层文化站体育业务负责人的作用，组建专家团对群众的基本公共体育需求进行定期的测度和反馈。近年来，国内一些城市在文化供需对接机制上进行了有益的探索，涌现出杭州市"你点我送"网上预约配送服务、嘉兴市"文化有约"服务平台、丽水市"文化订制"模式、舟山市"淘文化"公共文化交易平台等文化供需创新实践等，这为我国公共体育服务供需对接机制的构建提供了借鉴。体育职能部门要通过实地调研，把体育惠民工作与保障广大群众的知情权、参与权与监督权相结合，提升公共体育服务供给的公平效率。通过服务电话、短信、QQ专区、官方微信、官方微博等互动平台的设立，多路径了解群众体育生活需求，及时分析、反馈和评估，形成良好的双向沟通。调动群众参与热情，汇聚民智民力，搭建群众体育需求表达渠道和平台，探索政府公共体育服务政策的多元参与机制。

各级体育主管部门需要会同财政等部门出台一系列引导

和鼓励社会力量兴办公共体育服务的政策，吸引社会力量积极参与公共体育服务建设，促使公共体育服务更加丰富多彩。而社会力量和企业组织的参与，进一步实现了公共体育服务提供主体的多元化和提供方式的多样化。比如，浙江省舟山市出台了《舟山市公共文化体育产品和服务社会化运作实施办法》，体育社会团体和一批企业积极参与公共体育服务建设，出现了自掏腰包购买公共体育服务的企业和社区数量增多的情况。而市场化运作的规范让资源实现了按需配置，改善了服务环境"供需对接"服务模式，有效发挥了市场在资源配置中的主导作用，将选择权交给社会，交给群众，在互动过程中，解决了公共体育服务沟通不畅的问题，公众的主动性得到了提高与加强，满意度也大大提升；打破了公共体育服务和产品供给由政府垄断的局面，实现了体育产品供给多样化，各地可以在供需对接过程通过构建公共体育服务反馈平台，用户通过反馈平台就供给项目的服务质量做出反馈，提出建议及个性化需求。

（五）完善绩效考核评价机制

绩效是指组织或个人为了达到某种目标而采取的各种行为的结果。绩效管理的基本目标是提高公共管理运行效率与质量，包括提高行政效能、提高公共服务质量、实现社会有效治理等，考核公众所表现出来的满意度情况，可以对当前公共体育服务供给行为做出客观评价，有利于进一步明确政府的公共体育服务职能定位，加强公共体育服务体系建设。目前，在省级层面，江苏省公共体育服务体系示范区的创建过程已全面实现科学量化评价,《江苏省公共体育服务体系示范区指标体系(1.0版)》主要包括投入、过程、结果三个一级指标。其中,投入类指标包括组织管理和经费投入;过程类指标对应服务运行;结果类指标包括服务效益和群众满意两个指标。[1] 政府投入的公共体育财政资金是评价体系的重要内容;过程类评价包括服务流程及公共体育服务的设施、活动、组织等方面;结果类评价主要是从公共体育服务的产品数量及规模等方面进行的。在政府购买公共体育服务的绩效评价中,对承担服务项目的绩效考核是一个专业和值得关注的问题,一些非营利组织或私营企业由于长期受到政府资助,产生了官僚化倾向,服务效率大幅降低。[2] 加之公共体育服务本身的特性易导致监督评价工作的难度,尤其在成本价格计算以及服务过程的监控和质量标准的确定等方面存在着较大困难。

因此,加强政府对合作方的监督和管理,将"流程再造"引入公共部门,推进绩效评价指标体系的制度安排,让公共体育服务可持续发展成为各级政府的硬任务、硬指标,真正成为可衡量、可监测的对象,并纳入政绩考核评价指标体系当中。而在公共体育服务满意度测评中,要科学选取测评项目、测评对象和测评方法,避免使用主观性很强的测评手段,但也不能为了测评的客观性选择过于复杂的测评方

---

[1] 胡娟,杨靖三,陈刚,等. 江苏公共体育服务体系示范区创建:指标体系的设计与实现[J]. 体育与科学, 2015, 26 (5): 28-38.
[2] 张汝立,陈书洁. 西方发达国家政府购买社会公共服务的经验和教训[J]. 中国行政管理, 2010 (11): 98-102.

法。有的测评需要依靠数学模型和专业性软件进行，尽管客观性加强，但实施性比较差，基层单位基本无法实行。因此，需要建立一个政府主导和社会参与相结合的开放性强、透明度高的评估系统，建立并完善公共体育服务的第三方评价机制，增强公共体育服务评价的科学性和有效性。

本章小结

公共体育服务的基础性核心要素包括体育指导队伍、体育经费投入、体育基础设施、体育信息宣传、体育组织管理以及整体功能性层面的体育规章制度、体育活动开展等。国家需要建立健全公共财政支出均等化的体制机制，要以完善政策和标准为支撑，通过法规的制定和完善，加强监督和绩效评价，推进公共体育服务体系建设法治化进程。现阶段，需要进一步完善现有各类区域协调机制，促进体育与发改、文化、国土、财政、教育、旅游、医疗、统计等部门的统筹协调，做好公共体育服务供给政策与经济、社会、民生、产业等重大改革和政策的衔接。加强中央和地方、政府和社会的互动合作，提升财政制度的科学性以及财政管理的有效性，积极为政府改革和运转提供财政支持。专业人才建设要面向公共体育服务相关工作人员，定期开展专业技能和公共体育服务知识的培训，通过建立公共体育服务专家库，对相关工作进行专业指导。并且，要通过规范社会体育专业的课程体系，进一步开展专业化人才培养。公共体育服务要引入市场力量和社会力量，实现供给主体多元化和供给方式多样化。整合多元监督力量，实施全过程和无缝隙的监督。把社会公众的满意度作为衡量公共体育服务投入和产出绩效的重要标准，进一步完善我国公共体育服务的监督和评估机制。

公共体育服务保障标准强调以满足群众基本体育需求为目标和以政府财政支持能力为尺度的统一，而公共体育服务保障标准的设定和服务方式的创新有利于进一步促进城乡公共体育服务均等化的实现。国家公共体育服务保障标准主要是为了解决不同地区间的差异，而财政支出的最低公平模式是现阶段我国公共体育服务均等化的适宜选择，要推进公共体育服务标准化工程建设，重点可以在有条件的地区开展公共体育服务标准化试点工作和加强基层公共体育服务标准化的建设工作。公共体育服务保障标准的框架主要包括公共体育服务项目和内容、基本场地和设施、经费和人员保障三大类。而我国公共体育服务保障标准的实施则需要进一步推动财力均等化资源配置机制，创新服务基层下沉机制，优化部门统筹协调机制，建立服务供需对接机制和完善绩效考核评价机制等。

第七章　结论与建议

一、结论

（1）我国公共体育服务需求的深刻变化与供给不匹配，传统公共体育服务体制中政府既扮演生产者又扮演供给者，政府职能不清，制约了体育社会组织和体育市场组织的发展，导致我国公共体育服务供给带有浓厚的行政色彩和垄断性，缺乏效益和活力。

（2）我国公共体育服务群众体育需求表达、供给、保障及评价考核等相关机制建设滞后。公共体育服务法律法规滞后致使公共体育服务体系建设无法实现"有法可依""依法治体"的要求。

（3）虽然我国公共体育产品供应的数量不断增加，但公共体育服务部门的失位缺陷无法有效控制与弥补，民间资本无法介入，有效供给总量严重不足。政府供给的现实困境主要包括公共体育服务理念滞后、公共体育服务职能不到位、公共体育服务支出存在不足、公共体育服务供给失衡、社会协同缺乏、公众参与不充分。

（4）我国公共体育服务政府供给需要树立兼顾公平与效率的公共体育服务价值理念，需要政府主导与多元主体协同的公共体育服务供给模式、公共体育服务需求管理的民主化机制及其选择等。

（5）公共体育服务"外部性、异质性、可度量性"是选择服务规划者和生产者的基本决策点，进而形成了不同的供给方式。公共体育服务供给主体都具有各自特定的功能属性，这有助于在体系内部形成主体间的协调、沟通、合作式的协同效应，并逐步建立公共体育服务资源配置均衡化、参与主体多元化、管理机制规范化、服务效益最大化的综合联动系统，从而保障公众相对平等地享有公共体育服务。

（6）市场经济体制下公共体育服务的生产与供给主体包括政府部门、市场与社会组织。公共体育服务的供给分工不仅包含了公共体育服务的资金拨付和服务生产，更强调多元供给主体的参与，强调多元供给主体之间边界的专业化和协作关系。

（7）市场特有的竞争机制有利于供给效率的提高，而社会组织本身所拥有的志愿精神以及积极参与公共体育服务供给，保持了运行的高效率，不同社会阶层的多元化需求得以满足，成为政府服务项目的承接主体。

（8）公共体育服务个人偏好的多样化、多民族性和社会居民的阶层分化引起了公共体育服务需求的多样化和多层次性。

（9）政府本身结构的复杂性对供给资源的有限性产生了极大的影响，政府行为的改变增加了公共体育服务供给体系构建的复杂性。公共体育服务供给决策民主化需要通过决策理念、机制、方法和技术民主化而实现。

（10）基于保持公共体育服务供给的效率和公平，实现机制首先需要需求发动者实现由政府到公民的转变，改变传统"单向投入型"公共体育服务供给机制，构建以公众需求为导向的"双向互动型"供给机制，促进政府公共体育服务供给与公众需求的有效耦合。需要完成组织方式由单一提供到联合提供的改变，建立起权力分享、风险共担的公共体育服务供给联合体。

（11）传统"善政"模式下政府仍是一个大包大揽的"全能政府""无限政府"。而"善治"的多元治理结构强调形成政府主导作用下多元主体竞争合作的公共体育服务供给体系，强调政府与社会力量上下互动合作、协商，实施对公共体育服务的有效管理。

（12）公共体育服务的基础性核心要素包括体育指导队伍、体育经费投入、体育基础设施、体育信息宣传、体育组织管理以及整体功能性层面的体育规章制度、体育活动开展等。

（13）国家需要建立健全公共财政支出均等化的体制机制，要以完善政策和标准为支撑，通过法规的制定和完善，加强监督和绩效评价，推进公共体育服务体系建设法治化进程。

（14）公共体育服务产出不足的问题更为严重，产出不足的省份占全国的 64.5%，指标主要集中在人均场地设施面积、社会体育指导员人数和年度每万人参加国民体质监测人数。

（15）兼顾公平与效率的包容型公共体育服务体系模式实质性内核包含以"公共财政为主、社会资金参与"的公共体育服务支出模式，"广覆盖、适度水平、兼顾公平与效率"的公共体育服务消费模式和"政府主导、多元协同"的公共体育服务供给模式。

（16）公共体育服务体系包含公共体育服务需求、产生、形成与实现这一完整过程，公共体育服务需求、公共体育服务供给、公共体育服务保障及公共体育服务评价等共同构成了公共体育服务体系的过程结构。公共体育服务体系的功能主要包括创新服务功能、资源整合功能及激励约束功能等。

（17）公共体育服务多元主体供给过程中，需要明确各级供给主体的供给权责，使得政府、市场、社会组织等多元主体在相互尊重对方利益的基础上合作实现共同利益，达成有效的集体行动。公共体育服务体系机制建设基于保证效率和公平，要强调效率机制、公平机制、监督机制、评价机制与问责机制的协同运作。

（18）公共体育服务标准体系是指规定从事公共体育服务活动应满足的要求以确保其适用性的一系列标准，具体包括提供过程中的服务人员、服务场所、设施设备、服务流程和方法，以及服务质量要求的标准。

（19）公共体育服务标准体系建设是服务型政府建设的必然选择，强调政府公共服务职能的履行和完善，通过标准化建设建立制度化的约束，实现公共体育服务的最佳秩序和最佳效能，完善了公共体育服务体系建设。公共体育服务标准化建设旨在构建一个包括保障标准、业务和技术标准、评价标准在内的标准体系，从而达到普遍均等、惠及全民。

（20）公共体育服务保障标准强调以满足群众基本体育需求为目标和以政府财政支持能力为尺度的统一，而公共体育服务保障标准的设定和服务方式的创新进一步促进了城乡公共体育服务均等化的实现。公共体育服务保障标准的框架主要包括基本公共体育服务项目和内容、基本场地和设施、经费和人员保障三大类别。

二、建议

（1）进一步完善现有各类区域协调机制，促进体育与发改、文化、国土、财政、教育、旅游、医疗、统计等部门的统筹协调，做好公共体育服务供给政策与经济、社会、民生、产业等重大改革和政策的衔接。

（2）加强中央和地方、政府和社会的互动合作，提升财政制度的科学性以及财政管理的有效性，积极为政府改革和运转提供财政支持。专业人才建设要面向公共体育服务相关工作人员，定期开展专业技能和公共体育服务知识的培训，通过建立公共体育服务专家库，对相关工作进行专业指导。

（3）公共体育服务要引入社会力量，实现供给主体多元化和供给方式多样化。整合多元监督力量，实施全过程和无缝隙的监督。把社会公众的满意度作为衡量公共体育服务投入和产出绩效的重要标准，进一步完善我国公共体育服务的监督和评估机制。

（4）建立一个政府主导和社会参与相结合的开放性强、透明度高的评估系统，探索建立公共体育服务的第三方评价机制，增强基本公共体育服务评价的科学性和有效性。

（5）我国公共体育服务体系建设需要以公共财政投资为主，广泛吸引社会资本和产业资本进入公共体育服务领域。统筹城乡公共体育服务，使城乡居民拥有均等的发展机会和享受同等水平的公共体育服务。

（6）以公共体育服务的公共性为价值导向，从公共财政、多元主体、标准、法制保障和回应评价五个角度建立我国公共体育服务均等化机制，维护公民公共利益。

（7）加大公民参与力度、畅通公民的需求反馈机制，建立公平和效能并存的绩效考核机制，提高政府的工作效率，治理公共体育服务的效能性问题，从而达到普遍均等、惠及全民的目的。

（8）通过政府的内部整合模式解决公共体育服务体系的分散化问题，各部门跨界合作，形成一个优化的整体；通过社会外部协调模式解决公共体育服务体系的碎片化问题，建立信息交流平台，推动政府和社会组织之间的相互合作，共同促进公共体育服务体系的建设和发展。

（9）针对公共体育服务本身特性易导致监督评估工作的难度，尤其在成本价格计算以及服务过程的监控和质量标准的确定等方面的困难，必须加强政府对合作方运作的监督和管理，进而通过合同确定的标准加强执行能力。

（10）进一步健全政策法规，提高运营管理效率，平衡场地类型、区域的不平等分布，以民为本，重视社区体育场地的建设。

（11）拓宽投资渠道，激活社会资本参与体育场地建设的积极性，做到公益性与营利性两手抓，保障社会资本的收益回报，释放社会资金活力。

（12）大力培育基层全民健身组织，构建全民健身志愿服务组织网络，完善全民健身志愿服务长效机制、全民健身组织发展的管理和保障机制、国民体质测试常态化机制，探索体质测定与运动健身指导站、社区医院等社会资源相结合的运行模式。

（13）引入公民满意度来测量服务供给主体的服务态度、服务质量，满意度测评要科学选取测评项目、测评对象和测评方法，避免使用主观性很强的测评手段，但也不能为了客观性而选择过于复杂的测评方法，导致实施性比较差，基层单位基本无法实行。

（14）我国公共体育服务保障标准实施需要进一步构建财力均等化的资源配置机制，创新服务基层下沉机制和优化部门统筹协调机制，建立服务供需对接和完善绩效考核评价机制等。

参考文献

[1] 国家体育总局. 体育发展"十三五"规划[EB/OL]. (2016-05-05)[2022-11-14]. http://www.sport.gov.cn/n10503/c722960/content.html.

[2] 国务院. "健康中国2030"规划纲要[EB/OL]. (2016-10-25)[2022-11-14]. http://www.gov.cn/zhengce/2016-10/25/content_5124174.htm.

[3] 孙其军,郭焕龙. 北京CBD公共服务体系建设的思考——基于"新公共服务"的视角[J]. 中国特色社会主义研究, 2011(1): 86-90.

[4] 李庆雷. 基于新公共服务理论的中国国家公园管理创新研究[J]. 旅游研究, 2010(4): 80-85.

[5] 国务院. 国家基本公共服务体系"十二五"规划[EB/OL]. (2012-07-20)[2022-11-14]. http://www.gov.cn/zwgk/2012-07/20/content_2187242.htm.

[6] 国务院. "十三五"推进基本公共服务均等化规划[EB/OL]. (2017-03-01)[2022-11-14]. http://www.gov.cn/

xinwen/2017-03/01/content_5172013.htm.

［7］国务院. 全民健身计划（2016—2020年）［EB/OL］.（2016-06-23）［2022-11-14］. http://www.gov.cn/zhengce/content/2016-06/23/content_5084564.htm.

［8］国民经济和社会发展第十二个五年规划纲要［EB/OL］.（2011-03-16）［2022-11-14］. http://www.gov.cn/2011lh/content_1825838_5.htm.

［9］易锋, 陈康, 曾红卒, 等. 体育公共服务的概念内涵及特征［J］. 江苏技术师范学院学报, 2013, 19（4）: 86-91.

［10］陈斌, 韩会君. 公共体育服务外包的政府责任及实现机制论析［J］. 天津体育学院学报, 2014, 29（5）: 404-408.

［11］李燕领, 王家宏, 蒋玉红. 中国公共体育服务体系: 模式选择与机制建设［J］. 成都体育学院学报, 2015, 41（4）: 57-62.

［12］郭曼, 徐凤琴. 我国公共体育服务标准化建设的保障机制［J］. 体育学刊, 2017, 24（4）: 36-39.

［13］王家宏. 我国公共体育服务体系的内涵、特征与价值取向［J］. 成都体育学院学报, 2014, 40（1）: 7-11.

［14］吴春梅, 翟军亮. 协商民主与农村公共服务供给决策民主化［J］. 理论与改革, 2011（4）: 73-76.

［15］李长春. 我国公共体育服务多元主体协同供给研究［D］. 北京: 北京体育大学, 2018.

[16] 齐艳芬. 多元协同网络视角下的城市公共服务供给 [M]. 天津：天津大学出版社, 2017.

[17] 国务院. 中共中央关于全面深化改革若干重大问题的决定 [EB/OL]. (2013-11-15)[2022-11-14]. http://www.scio.gov.cn/zxbd/nd/2013/Document/1374228/1374228.htm.

[18] 刘蕾, 胡庆山, 刘安清, 等. 农村体育公共服务体系理论的构建与研究 [J]. 湖北体育科技, 2012, 31 (5): 535-537.

[19] 蓝国彬, 樊炳有. 我国体育公共服务供给主体及供给方式探析 [J]. 首都体育学院学报, 2010, 22 (2): 27-31.

[20] 丁元竹, 丁潇潇. 国际视野中的基本公共服务提供模式 [J]. 公共管理与政策评论, 2013, 2 (1): 7-22.

[21] 吕芳, 潘小娟. 基于公民互助的协同生产——公共服务供给的一种新模式 [J]. 北京行政学院学报, 2014 (6): 103-107.

[22] 贾先国. 工程项目施工精细化管理探讨 [J]. 西安建筑科技大学学报（社会科学版）, 2009, 28 (4): 26-29.

[23] 陈娟. 双向互动：非公企业在公共服务供给中的角色定位与路径选择——基于浙江实践的分析 [J]. 广东行政学院学报, 2012, 24 (2): 21-25.

[24] 胡仙芝. 论政治文明建设视野下的政府治理文明目标及其路径 [J]. 北京联合大学学报（人文社会科学版），

2008,6(3):50-56.

[25] 曾盛聪,李小兰.从"善政"到"善治":我国城市治理的现代转型[J].理论与现代化,2006(6):115-119.

[26] 石佑启,杨治坤.论行政体制改革与善治[J].江汉大学学报(社会科学版),2009,26(1):55-60.

[27] 崔光胜.现代政府管理理念的转型与变革[J].新视野,2014(2):64-67.

[28] 吴玉霞.公共服务分工与合作网络的理论与实证研究[D].杭州:浙江大学,2012.

[29] 郑恒峰.新型城镇化进程中地方政府公共服务能力建设研究——基于公共供求关系视角的分析[J].中共福建省委党校学报,2013(10):21-26.

[30] 吴玉霞.公共服务供给分工与合作网络的理论与实证研究[M].杭州:浙江工商大学出版社,2015.

[31] 何精华.区分供给与生产:基于政府公共服务职能实现方式的分析框架[J].中国行政管理,2007(2):104-109.

[32] 邓念国.西方国家社会保障的民营化:新制度主义的视角[D].上海:上海交通大学,2008.

[33] 张汝立,陈书洁.西方发达国家政府购买社会公共服务的经验和教训[J].中国行政管理,2010(11):98-102.

[34] 姜晓萍.基本公共服务应满足公众需求[N].人

民日报，2015-08-30.

［35］王家宏，等．我国公共体育服务体系研究［M］．苏州：苏州大学出版社，2016.

［36］国家体育总局．体育总局关于印发《社会体育指导员工作评估报告》［EB/OL］.(2015-12-31)[2022-11-14].https://www.sport.gov.cn/n315/n20001395/c20048509/content.html.

［37］董川．体育公共服务均等化：内涵与标准的再认识［J］.阴山学刊（自然科学版），2013，27（4）：48-50.

［38］赵威．城乡公共文化服务均等化机制研究［D］.武汉：湖北工业大学，2015.

［39］张凤彪，王松．我国公共体育服务绩效评价研究述评［J］．体育科学，2017，37（4）：62-73.

［40］李伟，燕星池．完善财政转移支付制度 促进基本公共服务均等化［J］．经济纵横，2014（2）：17-21.

［41］孙晓莉．中外公共服务体制比较研究［M］．北京：国家行政学院出版社，2007.

［42］李军鹏．公共服务学——政府公共服务的理论与实践［M］．北京：国家行政学院出版社，2007.

［43］陈国权，张岚．从政府供给到公共需求——公共服务的导向问题研究［J］．人民论坛，2010（2）：32-33.

［44］顾顺晓．非政府组织失灵的机理探究及其矫治［J］．理论与改革，2007（1）：47-49.

［45］郁建兴，吴玉霞．公共服务供给机制创新：一个

新的分析框架［J］.学术月刊，2009，41（12）：12-18.

［46］张顶浩.公共服务市场化中的政府责任［J］.理论导刊，2012（2）：26-28.

［47］胡琳琳，胡鞍钢.中国如何构建老年健康保障体系［J］.南京大学学报，2008（6）：22-29.

［48］张海连，刘红建.国民体质健康服务体系的结构及运行机制［J］.体育成人教育学刊，2011，27（5）：52-53.

［49］陈昌盛，蔡跃洲.中国政府公共服务：体制变迁与地区综合评估［M］.北京：中国社会科学出版社，2007.

［50］樊继达.建立以结果为导向的公共服务评价体系［N］.学习时报，2007-04-23.

［51］曹爱军，杨平.公共文化服务的理论与实践［M］.北京：科学出版社，2010.

［52］刘国永，杨桦.中国群众体育发展报告［M］.北京：社会科学文献出版社，2014.

［53］曹可强，俞琳.论体育公共服务供给主体的多元化［J］.体育学刊，2010，17（10）：22-25.

［54］王伯超.构建我国体育公共服务体系的理论思考［J］.广州体育学院学报，2009（1）：1-4.

［55］顾杰.有公共服务，必有公共服务监督［N］.光明日报，2012-06-21.

［56］政府购买公共服务，江苏常州签下全国"首单"［EB/OL］.(2014-07-11)［2022-11-14］.https://www.Chinanews.com/sh/2014/07-11/6374686.shtml.

[57] 贺达水,梁希震,张慧东. 惠及穷人的服务：以制度改革强化责任关系 [J]. 管理世界,2004（8）：148-150.

[58] 施昌奎. 北京市基本公共服务标准体系建设初探 [J]. 城市管理前沿,2012,14（4）：25-27.

[59] 张宏,陈琦. 我国公共体育服务体系服务项目标准研究 [J]. 成都体育学院学报,2012,38（9）：21-24.

[60] 杨明. 我国公共体育服务标准体系构建研究 [J]. 武汉体育学院学报,2017,51（1）：20-25.

[61] 秦小平,王健,鲁长芬. 实现我国体育基本公共服务均等化问题刍议 [J]. 体育学刊,2009,16（8）：32-34.

[62] 汤际澜,徐坚. 公共体育服务的公共性研究 [J]. 天津体育学院学报,2010,25（06）：510-514.

[63] 王学彬,郑家鲲. 基本公共体育服务标准化建设：内容、困境与策略 [J]. 体育科学,2015,35（9）：11-23.

[64] 周爱光. 从体育公共服务的概念审视政府的地位和作用 [J]. 体育科学,2012,32（5）：64-70.

[65] 郑家鲲,黄聚云. 基本公共体育服务评价指标体系的构建 [J]. 上海体育学院学报,2013,37（1）：9-13.

[66] 田媛,肖伟,姚磊. 农村基本公共体育服务体系建设研究——基于苏北五市内容体系的考察 [J]. 体育科学研究,2016,20（4）：1-6.

[67] 柳成洋, 等. 服务标准化导论 [M]. 北京: 中国标准出版社, 2009.

[68] 体育总局制定18项体育领域国家标准发布 [EB/OL]. (2017-09-14) [2022-11-14]. http://www.gov.cn/xinwen/2017-09/14/content_5224985.htm.

[69] 宁波市质量技术监督局. 关于批准发布《体育现代化村建设和服务规范》地方标准规范的公告 [EB/OL]. (2016-09-01) [2022-11-14]. http://www.cnnbzj.com/cn/nbsdfbzzxd/12363.html.

[70] 阮可. 我国基本公共文化服务保障标准研究 [J]. 中国出版, 2015 (12): 11-15.

[71] 李静, 张林虎. 我国政府基本公共体育服务标准化建设的初步研究 [J]. 成都体育学院学报, 2014, 40 (7): 33-36.

[72] 浙江省人民政府办公厅关于推进公共体育设施和学校体育场地设施向社会开放工作的通知 [EB/OL]. (2015-09-08) [2022-11-14]. http://www.zj.gov.cn/art/2015/9/8/art_1229017139_57179.html.

[73] 卢志成. 我国区域体育财政支出公平性分析 [J]. 首都体育学院学报, 2015, 27 (4): 311-315.

[74] 蔡跃洲, 王瑛. 长三角区域一体化进程中面临的问题 [J]. 浙江经济, 2006 (16): 60.

[75] 张成福, 李丹婷, 李昊城. 政府架构与运行机制研究: 经验与启示 [J]. 中国行政管理, 2010 (2): 10-18.

[76] 谢凌凌. 基本公共教育服务体系：一个理论框架的构建 [J]. 教育学术月刊, 2012 (8): 20-24.

[77] 胡娟, 杨靖三, 陈刚, 等. 江苏公共体育服务体系示范区创建: 指标体系的设计与实现 [J]. 体育与科学, 2015, 26 (5): 28-38.